検索法キイノート

宮沢厚雄

樹村房

本書の特色としての7つのこと

1．本書は，図書館での情報検索を筋道立てて分かりやすく説明した，解説と演習の冊子です。「図書館に関する科目」でいえば，「情報サービス論」と「情報サービス演習」を包摂しながら，新たに内容を再編成した学習用のテキストです。

2．本書は，「データ」「情報」「知識」「知恵」という四者の関係から説き起こし，情報検索の仕組みを定義し，データベースの基本的な原理を見据えたうえで，文献データベース（コンピュータ目録）に関する知見を，真正面から論じています。

3．本書は，情報検索を局所的にとらえるのではなく，背景にある研究活動の存在も視野に入れて記述しています。学術研究に関連しているところの，論文構成・文献索引・全文検索・電子ジャーナルなどについても，触れているものです。

4．本書は，情報検索の理解のために多彩な演習問題をとりそろえています。接遇のあり方を問う問答形式の問題など，その章の内容とは一見して無関係に思えても，図書館サービスの大所から必要とみなされる設問を数多く含んでいます。

5．本書は，一人の著者が最初のページから最後のページまで責任をもって目配りした，一貫した記述で論を進めています。多数人が各方面から寄り集まって神輿をかつぐ分担執筆態勢にはない，一定不変で通した叙述を終始単独で引き受けています。

6．本書は，理解の補助となるようなレイアウトを追い求めています。内容のまとまりでブロックを作り，番号を割り振って，論旨を追えるようにしています。重要項目は太字にし，要点には下線を付して，一目瞭然となるように試みています。

7．本書は，検索法の階梯にして，検索法の大全を目指しています。本文を章順に通読し，注記も含めて自得し，応用的な演習問題に挑んで学習範囲を広げていけば，初学者に向けたコンパクトな冊子ながらも，図書館情報学の神髄に触れることができます。

∎

目 次

1. **はじめに** ──────── 004
   図書館サービスと検索法, データ・情報・知識・知恵

2. **データベース（1）情報検索** ──────── 009
   情報検索の定義, データベースの要件／演習問題

3. **データベース（2）規則性** ──────── 014
   ファイル, 可変長形式, デリミタ・タグ・インデクス／演習問題

4. **データベース（3）格納場所** ──────── 022
   記憶装置, 編成方法, アクセス方法, データ＝モデル／演習問題

5. **コンピュータ目録（1）レコード構成** ──────── 034
   レコード構成, 読み形, 分かち書き, 転置ファイル／演習問題

6. **コンピュータ目録（2）検索戦略** ──────── 046
   マッチング, 例外規程, トランケーション, 論理演算／演習問題

7. **コンピュータ目録（3）主題検索** ──────── 056
   件名標目表, 適合率と再現率, 主な検索サイト／演習問題

8. **総合演習問題（図書と雑誌本体の検索）** ──────── 072
   演習問題

9. **学術論文（1）前付・本文** ──────── 078
   標題, 抄録, 序論・本論・結論,「逆三角形型」／演習問題

10. **学術論文（2）後付** ──────── 088
    引用・参照・参考, 文献リスト（書式・対応方式）／演習問題

11. **学術論文（3）論文検索** ──────── 096
    雑誌記事索引, 引用文献索引, インパクト＝ファクター／演習問題

12. **学術論文（4）全文検索** ──────── 107
    単語インデクス方式, 文字インデクス方式, 索引技法／演習問題

13. **学術論文（5）電子ジャーナル** ──────── 119
    シリアルズ＝クライシス, オープン＝アクセス運動／演習問題

14. **総合演習問題（雑誌論文と文献の検索）** ──────── 127
    演習問題

15. **リレーショナル＝データベース** ──────── 133
    数学における「関係」, 正規化, 演算操作, SQL／演習問題

1 はじめに
図書館サービスと検索法, データ・情報・知識・知恵

1.1. 図書館サービスと検索法

【1】図書館サービスは,利用者に向けたサービス活動全般であり,そのために図書館側が行なう業務のすべてです。大きく,テクニカル＝サービスとパブリック＝サービスとに二分できます。前者は,図書館資料を収集して,整理（組織化）する業務であり,後者は,利用者と直接に対峙しながら資料や情報を提供し,同時に保存に努める仕事です。

```
|←――――――――図書館サービス――――――――→|
 収集  ⇒  整理（組織化）  ⇒  提供  ⇔  保存
 （テクニカル＝サービス）  （パブリック＝サービス）
```

【2】「サービス」は,日常生活のなかでは,値引きしたり便宜をはかったり,特典をつけたりおまけをしたりといった意味合いで用いられます。あれば嬉しいと思える利便性を供することで,金銭価値を実質的に高めるのですが,その原義は,だれかに何らかの便宜を差し出す,だれかから何らかの利便を受け取るということです。対人関係のなかで「してあげる」もしくは「してもらう」という行為を意味しているのです。

　サービスの原義を踏まえると,利用者との直接的な接遇に関わるという点で,「提供」の業務は図書館サービスの中核です。その内実を,本書は下記のように区分します。

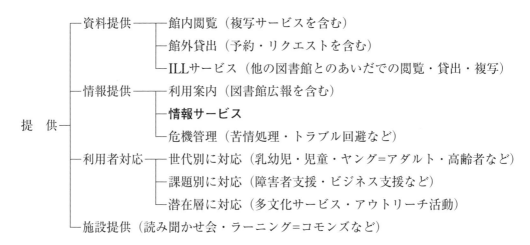

【3】情報サービス

ここでは，「提供」の業務から，情報サービス（information service）を取り上げます。図書館での情報サービスは，利用者からの漠然とした資料の問い合わせや具体的なテーマのもとでの質問に対して，必要とする資料や情報を提供するサービス活動全般です。

さらには，利用者の要求をあらかじめ想定して，図書館側から積極的に発信する活動も含めています。本書では，情報サービスの内実を「レファレンス＝サービス」「情報検索サービス」「カレント＝アウェアネス＝サービス」という，三つに区分します。

【3a】

レファレンス＝サービス（reference service）は，利用者の求めに応じ，主に紙媒体の参考図書を駆使して，資料を提示したり質問に回答したりするサービスです。

1870年代のアメリカで，カード目録の使い方を指南する利用案内として始まり，世紀をまたぐころには，主題からの文献探索をサポートする業務に発展し，公共図書館では「（参考図書という）本を使って，（利用者の求める）本を探す」サービス活動となりました。日本には1950年代に，利用者の「調べもの」を人的に支援する仕事として紹介されたのですが，「参考業務」などの数多（あまた）の訳語は，結局のところ定着しませんでした。

なお，レフェラル＝サービス（referral service，他機関へ利用者の代理人として質問内容を問い合わせたり，紹介状発行などを通して利用者を他機関へと引き合わせたりするサービス）も，レファレンス＝サービスの延長線上に位置付けられています。

【3b】

情報検索サービス（information retrieval service）は，利用者の求めに応じ，コンピュータ＝ネットワークを駆使しながら，資料を提示したり質問に回答したりするサービスです。主に，インターネット上でオンラインのデータベースを検索します。

日本では1980年代に，レファレンス＝サービスを包含する概念として「information service」が導入されます。本書では，レファレンス＝サービスと情報検索サービスを区別しています。それは，パッケージ型とネットワーク型にみるように，駆使するツールのタイプが異なる点に着目して，です。ただし，レファレンス質問を受けて国立国会図書館の「リサーチ＝ナビ」や「レファレンス協同データベース」にアクセスすることも多く，実際の現場では双方が混然一体となって利用者からの照会に対処しているのも事実です。

【3c】

カレント＝アウェアネス＝サービス（current awareness service）とは，最新の情報を，定期的に継続して発信するサービスです。次のような活動が含まれます。

　　①新収図書の集中展示，現有図書の企画展示
　　②コンテンツ＝シート＝サービス（contents sheet service）
　　③SDI（エスディーアイ，selective dissemination of information）サービス
　　④パスファインダー（pathfinder）作成

利用者の要求を受けた時点から開始されるのではなく，速報性や話題性を重視して，図書館側から積極的に働きかけているのが特徴です。英語の「current」は「現在の」，「awareness」は「気付くこと」といった意味ですが，日本語訳は定まってはいません。

【4】さて，本書は，情報検索サービスの方法論を「検索法」と呼び，そのバックグラウンドにある知識を，入門者として学ぶための冊子です。

　図書館での業務を前提としながら，データベースの基本を説き，コンピュータ目録の取り扱いを述べています。学術論文に関しても，専門研究のあり方を踏まえて多角的に論じています。章ごとに演習問題を挟み，第8章と第14章には，インターネット上から無償で閲覧のできるサイトを対象に，検索問題も用意しました。図書館における情報検索サービスを着実に把握できるよう努めているものです。

1.2. データ・情報・知識・知恵

本題に入る前に，「データ」「情報」「知識」「知恵」という，四者の関係を確認します。

【1】まず，データ（data）とは，認知された事実を形式化して表現した記号です。自然や社会あるいは生活や仕事のなかでは，発生しては消滅していく無数の出来事がありますが，それら現実の事象を把握して，何らかの枠組みを整えた数値や文字のかたまりに引き写して表現したものが，データです。

　紙のうえにしるしたメモ書きの文字や，相手の印象をいたずら書きした似顔絵の曲線などもデータといえるのですが，こんにちデータというと，コンピュータが取り扱うことのできるように符号化されていることを含意しています。

　ある目的をもって集められたデータの集合体が，データベース（database）です。データベースでは，収集された大量のデータが，後から探しやすいように整理されて，コンピュータに格納されています。

【2】データベースは形式化された記号表現の規則的な羅列にすぎませんが，そこに何らかの条件を与えて該当するデータを選び出すと，**情報**（information）となります。データベースのある部分のデータを，意思決定の必要性から取り出した場合に，単に収集されただけのデータとは区別して，情報と呼びうるのです。

　情報は，定型的なるもの（formation）の否定（接頭辞in-）というのが原義であって，現状になにがしかの「変化」をもたらす兆候としてとらえられる概念です。データはそれじたいではニュートラルなのですが，特定の目的をもった人間によって選び取られると，

有用なきざしを示す情報となります。そして，選んだ本人が活用したり，他のだれかに伝えたりして，大なり小なりの改変を誘引するのです。

【２ａ】情報の本質は伝達にあります。誰かに伝える，あるいは知らせを受け取るといったように，一つのところにとどまらず，波紋のように拡散することを指向しています。流通に適うように細かく分断されているところから一覧性に欠け，余分なものが絶えずつきまとうことにもなります。ものごとの全体像をみわたす力は弱いものの，瞬発的で局所的な刺激の絶対値は，きわだっています。

　情報を知る立場は，知りえない相手より圧倒的に優位です。それゆえに，伝聞の過程では内容が適度にトリミングされて矮小化や誇張が混入し，意図的な改竄（かいざん）が混ざることも少なくありません。まったくの捏造も珍しくないのです。

　個人が接する情報の総量は飛躍的に増えています。事実かそうでないかに関係なく，人びとは好みの情報には心地よく浸り，その他に対しては素通りして無視を決め込む傾向にあります。「信じたい」情報だけを信じるのです。楽なほうへ楽なほうへと向かうのです。人間のもつ怠慢さの習性をゆめゆめ甘くみてはなりません。

【３】知識（knowledge）は，情報が組織化されることで生まれます。特定の人間によって複数の情報が選び取られた後に，相互に結び付けられ，整合性ある体系を形づくってその輪郭がくっきりと見渡せるようになると，知識と呼ぶことができるのです。言語（書き言葉）で表現され，ひとまとまりに整理されて公表へと至ります。情報の断片と断片をつなぎ合わせて関連付けながら，有機的な総体として構築されていくのが，知識です。

　個々の人間の努力によって，時間をかけて累積され普遍的なものへと高められていき，教育や学習を通じて他の多くの人とも共有するものとなります。知識は一個人の生涯を超えて，組織のもの，共同体のものであり，あるいは国家のもの，民族のものであり，さらには全人類にとっての文化遺産でもあります。

　ただし，知識は興亡します。人間が常に誤りうる存在である以上，知識もまた可謬性（かびゅうせい）から逃れることはできません。先行する知識は，各方面から評価され，幾度となく検討が加えられ，組み立て直されていきます。後続の知識は，情報をそのつど適切に取り込み，漸進的に過誤が正され，公表されるのです。100％の正しさを確保することは不可能だとしても，100％の正しさに至る努力を惜しんではなりません。

【４】知恵（wisdom）は，知識が個人のなかで熟したのちに生まれます。知識を踏まえることで形づくられるのですが，そのためには，知識が一個人のなかに経験的に積み重ねられ，身体の感覚と同一になるまでに発酵していなければなりません。物事の理を悟り人生の指針と深く結び付くようになって初めて，知恵に昇りつめる機会を得るのです。

知恵は，直接体験や試行錯誤を繰り返しながら獲得するものであって，言語に表現することはいたく難しく，信念や技能あるいは価値観やノウハウといった人格的な側面にとどまります。しばしば宗教的な悟りに近いような感覚として個人の内面に宿るのです。

当事者の善悪の判断や好悪の感情に強く支配されており，そこでは，あらゆる知識が使えるか使えないか，役に立つか立たないかという，一人の人間の切実な判断で取捨選択されて，血となり肉となっています。

【5】以上みてきたように，データと情報の関係では，データの蓄積に何らかの条件を与えて抽出したものが情報であり，情報を記号化して蓄積すればデータとなります。

情報と知識との関係では，情報を言語表現で体系化すれば知識となり，知識の断片的な一部分を伝播させるとそれは情報です。

知識と知恵の関係では，知識が経験的に積み重ねられて個人のなかで成熟すると知恵となり，知恵が言語化されて多くの人に共用される汎用性を獲得すれば知識となります。

   データ ⇔ 情報 ⇔ 知識 ⇔ 知恵

本書は，データの集まりのなかから，いかにして必要とする情報を取り出すかに焦点を当てて，図書や雑誌，学術論文の検索法を学ぼうとするものです。選び取った情報は知識へと精錬し，その知識をさらに知恵へと昇華させていかれんことを願ってやみません。

■

2 データベース（1）情報検索

情報検索の定義
データベースの要件（数量・規則性・格納場所）

2.1. 情報検索の定義

【1】 情報検索（information retrieval）とは，ある目的をもった利用者が，あらかじめ蓄積されているデータ（data）の集合体から，その特定部分を情報（information）として取り出すことです。情報源に格納されているデータ全体を調べていって，自身の要求に適合する情報をピンポイントで見出すのです。

情報検索には二つの方向からの準備が必要です。一つは，データの蓄積によりデータ集合体としての情報源を構築することであり，もう一つは，その情報源からデータを探し出すときの手掛かりを見極めることです。

情報を提供する側は，どういうかたちでデータを蓄積していけば迅速な検索が可能かを判断し，収集されたデータの加工，検索に備えたデータの更新，データの物理的な蓄積を行なって情報源を構築します。

一方の情報要求をもつ利用者の側は，どういうデータを手掛かりとして設定すれば必要とする情報を引き出すことができるかを考えながら，要求テーマの分析，情報源の特定，手掛かりとするデータの選定，検索の実行，検索結果の評価を行なうのです。

情報を供する側　現実世界の事実 → データ集合体の構築 → 検索に備えたデータ
　　　　　　　　　　　　　　　　　　　　　　　　　　　　　↑↓ 情報検索
情報を求める側　情報要求の発生 → 情報源への検索質問 → 検索実行時のデータ

双方向からの準備が整えば，情報を提供する側のデータ（検索に備えたデータ）と，情報を求める側からのデータ（検索実行時の手掛かりとするデータ）とを突合して，一致しているか否かを検証することができます。そのプロセスが情報検索です。この突き合わせによって両者が合致すれば，そこで初めて，情報源に蓄積されている「データ」は，利用者にとって価値のある「情報」として取り出されることになります。

【2】 情報を供する側の構築する情報源が，データベース（database）です。情報を求める側の検索に備えて，秩序立てて蓄積されている，大量のデータの集合体です。

2 データベース（1）情報検索　情報検索の定義　データベースの要件（数量・規則性・格納場所）

データベースの要件は，三点に集約できます。それは，特定の目的をもった情報検索に備えて，①膨大な数量のデータが集められていること，②データは一定の規則性をもって組織化されていること，③データの物理的な格納場所が存在すること，です。

[注記]「探索（たんさく，search）」と「検索（けんさく，retrieval）」は，ほぼ同義ですが，本書では，あるか無いかがハッキリとしないながらも探し求めることを「探索」，あるに違いないものを探し求めることを「検索」と区別します。たとえば，サーチライト（search light）は，不審者などの有無にかかわらず照射する装置ですが，狩猟犬のレトリバー（retriever）は，ハンターが獲物を射止めるとその拾得に走り出します。

　また「探求・探究（たんきゅう，research）」は，探索を重ね調査を続けて，対象の本質を明らかにしようとする営みで，前者の「探求」は具体的・物質的な対象を，後者の「探究」は真理や意義などの抽象的な対象に対して用いるものとします。

2.2. データベースの要件

【1】データの数量

データベースがデータの集合体である以上，そこにはかなりの数量が必要です。収集されたデータが少なければ少ないなりにデータベースとして役に立つかというと，決してそうではありません。

　貯蔵量が百件と百万件ではデータベースの意味合いも異なり，あるレベル以下の数量にとどまっている限り，長期にわたる利用に耐えることはできないでしょう。具体的に何件以上が必要と明示できるものではありませんが，必要なデータの収集が続けられ更新が繰り返されて，データベースとしての閾値（いきち，あるシステムに注目すべき反応を起こさせるための最小値）を超えていなければ，存在意義はありません。

　注意すべきは「Garbage in, Garbage out（ガーベッジ=イン，ガーベッジ=アウト）」という英語のことわざです。ゴミを入れれば，ゴミが出てくるだけ，という意味ですが，ここにみるように，収集するデータが駄物であれば，できあがったデータベースからは駄物のデータが検索されるだけなのです。継続的になされる網羅的な収集は，ときにデータの品質を損ね，脱漏・重複・誤記・タイムラグなどの欠陥を誘発することがあります。

【2】データの規則性

データがただ単純に集められただけでも，データベースと呼ぶことはできるかもしれませんが，乱雑なままでは後からなされる情報検索の効率を妨げます。特定のデータの存在を時間が経った後からもスムーズに発見できるようにしておくには，蓄積の方法に何らかの

工夫が必要です。それは，あるデータがどういう特性をもち何のために存在するのか，利用者からどのような呼び出しがかかるのかなどを，熟慮しておくことです。

　データの性質を分析し，利用者の問い合わせに留意したうえで，同じ種類のデータは必ず同じ場所に格納するという規則性を確立しておかなければなりません。ある期日のある時刻をとったときに，すべてのデータが矛盾なく曖昧でなく蓄積されている状態を実現することで，効率的な検索が可能となるからです。データベースは，定式化された規則性をもって設計されている必要があります。

【3】データの格納場所

データの格納場所も問題となります。人間の脳はデータを保有するのにあまり当てにはならず，カードや書籍にも物理的な限界があります。コンピュータの記憶容量は，大量のデータを蓄積することに関して桁違いに有用なところから，データの格納場所として選ばれているのです。

　広い意味では，紙媒体の辞書や電話帳など，電子化されていないものもデータベースと考えることはできるのですが，狭義にはコンピュータによって実現されたものだけを意味します。銀行のATMを端末とするオンライン＝システム，JRグループの座席予約・発券システム，住民基本台帳ネットワーク＝システムなど，データベースは日常生活の至るところで確実に社会基盤を支えています。歴史を振り返ってみれば，コンピュータ技術の飛躍と歩みを同じくして，データベースの様態もまた発展してきました。

　1957年，ソ連（当時）が世界初の人工衛星・スプートニクの打ち上げに成功します。第二次世界大戦後の米ソ冷戦のさなか，この事実はアメリカに計り知れぬ脅威を与えました。人工衛星を打ち上げる大型ロケットは，同様に核弾頭を備えることが可能であって，長距離弾道ミサイルとして，海を越え北米大陸を射程圏内に収めることになるからです。

　国家の威信と軍事的必要性から，翌1958年にNASA（アメリカ航空宇宙局）が設立され，有人宇宙飛行計画に着手。さらに当時のケネディ（John F. Kennedy）大統領は，1960年代が終わる前に人間を月に着陸させ，無事に地球に連れ戻すと宣言，「アポロ計画」が始まりました。アメリカは，宇宙開発プロジェクトを頂点に，教育を含む幅広い分野での科学技術振興策を，多額の予算を投入して実施します。その過程で生み出されたものの一つが，コンピュータ技術の応用である，データベースだったのです。

　「データベース」の語源は定かではありません。「ベース（base）」が軍事用語として補給基地を意味しているところから，データベースとは，そこへ要求を出すとどんなデータでもすぐに補給してくれる「データの補給基地」という説が有力視されています。

　データベースに関し，次の第3章ではデータの規則性を，格納場所については第4章で，より深く考察することとします。

■

2 演習問題 データベース（１）情報検索

問い1 下記の文章は，さまざまな資料や団体で示された「データベース」の定義である。調査のうえで，該当するものを解答群から選び，冒頭のローマ字を下線の箇所にしるせ。

1．論文，数値，図形その他の情報の集合物であって，それらの情報を電子計算機を用いて検索することができるように体系的に構成したもの。＿＿＿＿＿＿＿＿
2．特定の規則に従って電子的な形式で，一か所に蓄積されたデータの集合であって，コンピュータでアクセス可能なもの。＿＿＿＿＿＿＿＿
3．コンピュータによる加工や処理を目的として，特定の方針に基づいて組織化された情報ファイル。＿＿＿＿＿＿＿＿
4．系統的に整理・管理された情報の集まり。特にコンピュータで，さまざまな情報検索に高速に対応できるように大量のデータを統一的に管理したファイル。また，そのファイルを管理するシステム。＿＿＿＿＿＿＿＿
5．データを整理統合し，コンピュータ処理が可能な形態にした情報ファイル，もしくはその集合体。＿＿＿＿＿＿＿＿

> **解答群**
> a．著作権法 第二条（定義）十の三
> b．日本工業規格 JIS X 0807-1999（電子文献の活用法）2e項
> c．『図書館情報学用語辞典』第4版（丸善出版）
> d．『広辞苑』第7版（岩波書店）
> e．日本データベース協会（DINA）

問い2 次の図書館員の対応で，根本的に不適切である点を指摘し，改善策を示せ。
大学図書館のカウンターで，その大学の学生に対応している場面を想定。

学　　　生「このまえ『ライ麦畑でつかまえて』を予約したのですが」
図書館員「貸出中だった本ですね」
学　　　生「そうです。もう10日くらい前になるでしょうか」
図書館員「しばらくお待ちください。コンピュータで調べてみます。ああ，これですね。まだ返却されていません。いま借りている人はいつも期限を守らないのです」
学　　　生「あと何日くらい待てばいいのでしょう」
図書館員「分かりません。この人は延滞の常習者ですから。名前は文学部の川井出翔さんです。もし急ぐのなら，直接，本人を探して交渉してみたらいいと思います」

問い3 下記のデータベースについて該当する記述を右側から選び，●印同士を直線で結べ。

医中誌Web ●　　　　● 帝国データバンク社が提供する，企業情報のデータベース。信用調査報告書や決算書情報，倒産情報などが得られる。
（いちゅうしウェブ）

J-PlatPat ●　　　　● 大宅壮一文庫が収集する，明治以降の商業雑誌を対象とした雑誌記事索引データベース。評論家・大宅壮一の大衆誌コレクションを引き継ぐ。
（ジェイ＝プラットパット）

COSMOSNET ●　　　　● 医学・薬学・歯学・看護学など，医学関連分野の国内刊行雑誌を対象とする，雑誌記事索引データベース。非営利組織の医学中央雑誌刊行会が運営。
（コスモスネット）

D1-Law.com ●　　　　● 特許・実用新案・意匠・商標について，公報および関連情報を提供するデータベース。独立行政法人の工業所有権情報・研修館が運営。
（ディーワン＝ロー＝ドットコム）

Web OYA-bunko ●　　　　● 現行の法令と改正履歴，判例の体系，関連する文献情報を搭載する，リーガル情報のデータベース。第一法規社が運営する。
（ウェブ＝オーヤ＝ブンコ）

3 データベース（2）規則性

フィールド・レコード・ファイル，可変長形式，
デリミタ・タグ・インデックス

データベースの三つの要件，数量・規則性・格納場所のうち，本章ではデータベースがいかなる規則性をもって設計されているのかについて考察します。

3.1. フィールド・レコード・ファイル

【1】データの蓄積には規則性が求められます。たとえば，下記の文章からデータベースをつくるには，共通するデータをまとめて適切なデータ項目を立てる必要があります。

　　　大学生である**桐津玲**さんは経営情報学部に所属。平成6年入学で豊橋市に住
　　んでいる。富士吉田市の**小田真理**さんは，1995年に入学した商学部の学生。
　　前尾美奈代さんは，小田真理さんと同じ学部の一年後輩で緑区に住んでいる。

ここでは，データ項目を「名前」「住所」「学部」「入学年度」として，この順序で整理します。名前は姓と名を記載し，住所は市町村名のみを採用し，学部は正式名称を記載し，入学年度は西暦に直してアラビア数字の全角表記と決めます。それぞれの項目に確保すべき文字数については，一定にしておくことも必要です（空白は△印で表現）。

```
ＩＤ番号　名前　　　　住所　　　　学部　　　　　　入学年度
９００１　桐津玲△△　豊橋市△△　経営情報学部　　１９９４
９００２　小田真理△　富士吉田市　商学部△△△　　１９９５
９００３　前尾美奈代　名古屋市△　商学部△△△　　１９９６
（4文字）（5文字）　（5文字）　（6文字）　　　（4文字）
```

【2】上記の事例では，データ項目として「ID番号」が設定してあります。身分証明となる特定の番号です。このID番号を設定する理由は，以下のとおりです。

　情報検索では，単一のデータ値を情報として検索するだけでなく，そのデータに連なる複数のデータ値も一緒に抽出するのが常です。ある人の名前だけを取り出すのではなく，名前を取り出すのと同時に，その人の住所や学部なども一緒に検索したいのです。そのときに手掛かりとなるデータが，**キーワード**（keyword，第9章 p.084参照）です。キーワードは，それじたいを確実に同定し，他からは明確に識別されていなければなりません。

「名前」は特定性の高いキーワードですが，同名同姓の人を区別できないなどの難点があります。類似した言葉の多い文字列パタンよりも，一意に同定・識別できる数列パタンのほうがキーワードとしては適しているのです。ID番号の必要性は，ここにあります。ただし，数列パタンは「ワード（語）」ではないので，厳密にいえば「カギ」となる特別な項目のことは，端的に**キイ**（key）と呼ぶのが適切です。

情報検索において，データベース構築側が事前に設定するキーワードを「索引キーワード」「索引語」「索引キイ」などと呼び，その一方で，データベース利用者が検索の手掛かりとするキーワードは「検索キーワード」「検索語」「検索キイ」などと称します。

【3】データベースでは，個々のデータ値を収める領域を，**フィールド**（field）といい，検索時の基本的な単位とします。そして，いくつかのフィールドを一揃えに集めて成り立つ，一件分のデータ値全体のことは，**レコード**（record）と称しています。

	フィールド1	フィールド2	フィールド3	フィールド4
レコード1	データの値	データの値	データの値	データの値
レコード2	データの値	データの値	データの値	データの値
レコード3	データの値	データの値	データの値	データの値

前ページの例では，ID番号・名前・住所・学部・入学年度のデータ値を収める領域がフィールドであり，複数のフィールドから構成された，一人の学生の記載事項全体は一件のレコードとなります。たとえば，「フィールド1」は（縦方向に），名前のデータを収める領域であり，「レコード1」は（横方向に），桐津玲という学生のデータ全体です。

【4】複数のレコードの集合を，**ファイル**（file）と呼びます。前ページの，三人の学生のレコードを集めた全体は一つのファイルです。仮に「学籍ファイル」と名付けるとします。この「学籍ファイル」のみの，単一のファイルから成り立っている様態も，そのままデータベースと呼ぶことはできます。

ただし，通常は，**複数のファイルの集合をデータベースと呼びます**。関連する複数のファイルの集合体として，データベースは存在するのです。たとえば「学籍ファイル」以外に，関連する「成績ファイル」と「図書館利用ファイル」が存在するのならば，それらが集まって「学生情報データベース」が形成されることになります。

【5】複数のファイルから成るデータベースを集中的に管理するソフトウェアが，**データベース管理システム**（database management system，DBMS）です。

データベースはデータを格納している物理的な実体ですが，DBMSはソフトウェアとして四つの基本的な働きをします。それは，①検索する利用者に目的のデータを提供し，

3 データベース（２）規則性　フィールド・レコード・ファイル, 可変長形式, デリミタ・タグ・インデクス

同時にデータを更新（登録・修正・削除）する，②複数利用者からの同時アクセスを制御して操作に矛盾が生じないようにする，③操作履歴を管理して障害時の回復をはかる，④データの流出を防止してセキュリティを確保する，ということです。

物理的なデータベース本体とソフトウェアであるDBMSとの，双方を合わせた全体は，データベース＝システム（database system）と呼ばれています。

[注記]　ファイル（file）の原義は，一定の形式をもつ書類の集まりです。新聞の切り抜きなり，商品カタログなり，同じタイプのものを束ねている書類挟みを意味します。

コンピュータでは，データの管理単位を指しています。同一の形式をもったデータの集合で，一つのまとまりとして扱われます。

大型汎用機から出発したデータベースの世界では，（同じタイプの）複数のレコードの集合がファイルです。そして複数のファイルの集まりが，データベースでした。

パソコンでは，一つのアプリケーション＝ソフトで作成・管理されるデータの集まりが，ファイルです。それぞれに独自のファイル形式をもち，そのファイルを作成したアプリケーション＝ソフト以外では読み込めません。各種のファイルをまとめて束ねている単位はフォルダ（folder）と呼ばれており，大型汎用機での用法とは相違があります。

なお，ディレクトリ（directory）とはフォルダの一種で，ファイルの管理情報，すなわち，名称・形式・サイズ・保存場所などのデータが記録されている登録簿のことです。

3.2. レコードの形式

【１】 データベースでは，時間が経った後からの検索に備えて，すべてのデータ値の位置を特定できることが求められます。たとえば「レコード１の，フィールド３に格納したデータの値」とか「レコード２の，フィールド２に格納したデータの値」について，その場所を後から探し出せなければなりません。そのためには，どこからどこまでがひとまとまりのデータなのか，どこから次のフィールドの領域に入っていくのか，一つのレコードの終点はどこかといったことを，明確に区別しておく必要があります。

【２】 固定長形式
レコードの区切りを定義することは，個々のフィールドの長さをどの程度確保すればいいのか判定することと同じです。このときに，**固定長**（fixed length）形式のレコードとは，それぞれのフィールドの長さをあらかじめ一定の幅に決めておくという方法です。

結果としてファイルを構成するレコードの長さはすべて同一です。レコードの先頭から数えて何文字目からどのフィールドが始まっているかが常に事前に判明しています。先の

「学籍ファイル」は，固定長形式のレコードで構成されているものです。レコード長は，ID番号では4文字，氏名フィールドでは5文字，住所フィールドは5文字，学部フィールドは6文字，入学年度は4文字というように固定されていました。

　　ＩＤ番号　氏名　　　住所　　　学部　　　入学年度
　　９００１　桐津玲△△豊橋市△△経営情報学部１９９４
　　９００２　小田真理△富士吉田市商学部△△△１９９５
　　９００３　前尾美奈代名古屋市△商学部△△△１９９６

【3】可変長形式

ところが，図書や雑誌の書誌事項をデータ値とするデータベースでは，フィールドごとにデータ値の長さが一定していません。データ値の長さのバラツキが非常に大きく，しかもその長さを一定の幅に特定することは困難です。無理に固定長形式で組み立てることもできますが，フィールドに空白部分が多くなって無駄が生じやすく，逆にフィールドの長さ（文字数）以上のデータ値にはまったく対応できず柔軟性に欠けます。

　　レコード番号　著者　　タイトル　　　　　　出版社　　出版年
　　８００１　森鷗外△△雁△△△△△△△△△小学館△△１９９４
　　８００２　夏目漱石△我輩は猫である△△△△岩波書店△１９９５
　　８００３　谷崎潤一郎猫と庄造と二人のをんな丸善△△△１９９６

このような事態に対処する目的で考え出されたのが，**可変長**（variable length）形式のレコードです。可変長形式では，各フィールドの長さを，そのフィールドに実際に収められる「データの長さの分だけ」そのつど確保します。フィールドの長さは，すなわちデータ値の長さとなり，どんな大きさのデータでも収容することができます。

　なお，ID番号のフィールドには，学籍番号や従業員番号などの数値が充当されますが，レコード作成順の連番が当てられることも多く，**レコード番号**と呼ばれます。

【4】可変長形式の区切り方

可変長形式のレコードでは，データの長さに柔軟に対処できるのですが，しかしながら何らかの方法でフィールド（データの値）のあいだの区切りを明確にしておかなければなりません。そうでないと，どこまでがひとまとまりのフィールド（データの値）なのか，どこから次のフィールド（データの値）が始まるのか，区別がつかないからです。可変長形式でフィールドを識別するには，次の三つの方法があります。

　　　①区切り位置を示す**デリミタ**（delimiter，境界を定める印という意味）を付与
　　　②フィールドごとに内容を識別できる**タグ**（tag，荷札という意味）を挿入
　　　③フィールドの出現箇所を指示する**インデクス**（index，索引の意）を設定

3 データベース（2）規則性　フィールド・レコード・ファイル，可変長形式，デリミタ・タグ・インデクス

【4a】第一は，区切り位置を示す記号であるデリミタを付与する方法です。デリミタには，コンマ（カンマ）記号［，］や斜線記号［／］などが使われるのですが，ここでは，フィールドの始まりの位置にドル記号［＄］，終わりにはハッシュ記号［＃］を，それぞれ与えることとします。レコード全体は次のようになります。

　参考までに，ハッシュ記号は横棒が水平に平行，音楽のシャープ記号［♯］のほうは縦棒が垂直に平行です。

　　　＄８００１＃＄森鷗外＃＄雁＃＄小学館＃＄１９９４＃
　　　＄８００２＃＄夏目漱石＃＄我輩は猫である＃＄岩波書店＃＄１９９５＃
　　　＄８００３＃＄谷崎潤一郎＃＄猫と庄造と二人のをんな＃＄丸善＃＄１９９６＃

【4b】第二は，フィールドの先頭にその内容を識別できるタグを挿入する方法です。たとえば，レコード番号のフィールドを「０００」という3桁の数字で示し，著者名のフィールドは「１１１」とし，タイトルを「２２２」，出版社名を「３３３」，出版年を「４４４」というタグで表現するとすれば，次のようになります。

　　　000 ８００１ 111 森鷗外 222 雁 333 小学館 444 １９９４
　　　000 ８００２ 111 夏目漱石 222 我輩は猫である 333 岩波書店 444 １９９５
　　　000 ８００３ 111 谷崎潤一郎 222 猫と庄造と二人のをんな 333 丸善 444 １９９６

【4c】第三は，フィールドの出現箇所を指示するインデクスをレコード全体の冒頭に設定するという方法です。

　この方法は，それぞれのフィールドが先頭から数えて何文字目から始まるのかを指示します。たとえば，「森鷗外」のレコードについては，「レコード全体が15文字であって，レコード番号のフィールドはゼロを起点として始まり（00），著者フィールドはレコード番号の長さの終端を起点とし（04），タイトルのフィールドはレコード番号と著者名とを合わせた長さの終端を起点とし（07），出版社フィールドは前3者の長さの終端が起点（08），出版年フィールドは前4者の長さの終端が起点（11）である」という意味で，数字のみを抽出した「150004070811」と表記したものを，インデクスとしてレコードの先頭につけます。「夏目漱石」「谷崎潤一郎」にも同様の作業を施します。

　　　15 00 04 07 08 11 ８００１ 森鷗外 雁 小学館 １９９４
　　　23 00 04 08 15 19 ８００２ 夏目漱石 我輩は猫である 岩波書店 １９９５
　　　26 00 04 09 20 22 ８００３ 谷崎潤一郎 猫と庄造と二人のをんな 丸善 １９９６

　実は，出版物のデータベースでは，可変長形式での三つの区切り方法がいろいろなかたちで併用されています。そのことは（第4章でデータベースの格納場所に触れた後に）第5章で改めて細説します。

[**注記❶**]　タグに，デリミタの性格を併せもたせて，「フィールドの先端におくタグ」「フィールドの終端を示すタグ」というように表現する方法もあります。

　たとえば，レコード番号のフィールドは，先端の開始箇所にタグを山形記号でくくって「＜REC＞」とし，終端箇所には斜線を山形記号のなかのタグの前において「＜/REC＞」とします。同様に，著者名の開始タグを「＜AUTH＞」，終端タグを「＜/AUTH＞」，タイトルは「＜TTL＞」と「＜/TTL＞」，出版年は「＜PUB＞」と「＜/PUB＞」とします。

　　＜REC＞８００１＜/REC＞＜AUTH＞森鷗外＜/AUTH＞＜TTL＞雁＜/TTL＞＜PUB＞小学館＜/PUB＞
　　　＜YEAR＞１９９４＜/YEAR＞
　　＜REC＞８００２＜/REC＞＜AUTH＞夏目漱石＜/AUTH＞＜TTL＞我輩は猫である＜/TTL＞
　　　＜PUB＞岩波書店＜/PUB＞＜YEAR＞１９９５＜/YEAR＞
　　＜REC＞８００３＜/REC＞＜AUTH＞谷崎潤一郎＜/AUTH＞＜TTL＞猫と庄造と二人の
　　　をんな＜/TTL＞＜PUB＞丸善＜/PUB＞＜YEAR＞１９９６＜/YEAR＞

このとき，タグとデリミタを組み合わせた記号が，データの要素的なまとまりを内容のうえから定義し，なおかつその区切り位置を示すだけではなく，新たな機能を追加でもつことがあります。それは，文章のレイアウト（書体・サイズ・文字揃えなど）や，文書の構造（見出し項目・引用章句・箇条書きなど）に関しても，指定できる機能です。文章のレイアウトや文書の構造を指定でき，テキスト＝データのなかに埋め込んで文書の整形に用いる，タグとデリミタの組み記号を，**マークアップ言語**（markup language）と呼びます。マークアップ言語の代表例は，ウェブ＝ページを表現するのに用いるHTMLです。

[**注記❷**]　データベースは，プロデューサ（producer，生産者の意）と呼ばれる機関で構築され，ディストリビュータ（distributor，配給者の意）またはベンダー（vendor，販売者の意）と呼ばれる機関から提供されます。このとき，プロデューサと，ディストリビュータ（ベンダー）とは，同じ組織の場合と，異なる組織の場合とがあるのです。

　たとえば，論文・記事を対象とするデータベースのNDL雑誌記事索引は，国立国会図書館が構築し，同館のNDL ONLINEのなかで公開されています。この場合，構築者と提供者は同一組織です。ただし，NDL雑誌記事索引は，国立情報学研究所が運営するCiNii Articlesからも検索することができます。このケースでは，国立国会図書館がプロデューサで，国立情報学研究所がディストリビュータ（ベンダー）となります。

　ディストリビュータ（ベンダー）のなかで，小規模な機関のデータベースを集めて提供・販売する組織のことを，特にアグリゲータ（aggregator，集約者の意）と呼びます。プロクエスト社（ProQuest）やエブスコ社（EBSCO Information Services）が相当し，それぞれ「ProQuest」や「EBSCOhost」の名称でパッケージ商品を販売しています。日本では科学技術振興機構が相当し，「J-STAGE」を提供しています。

■

3 演習問題 データベース（2）規則性

問い1 次の文章の空欄に当てはまる，もっとも適切な語句を，解答群から選んでしるせ。

　データベースは，大量のデータを収集し整理したうえで，コンピュータが処理しやすいように蓄積してある。データの性格でみるならば，オリジナルな内容をもった原情報を提供する一次情報データベースと，その一次情報を編集・加工したもので，一次情報にたどりつくための検索ツールでもある二次情報データベースとに分けることができる。たとえば，判例や統計，新聞記事を扱うデータベースは①＿＿＿＿＿＿＿＿＿＿であり，図書や雑誌の書誌事項を収めたデータベースは②＿＿＿＿＿＿＿＿＿＿である。ただし，雑誌論文とその掲載誌のデータを検索する雑誌記事索引データベースには，論文じたいの閲覧まで可能なものがあり，その場合は①と位置付けられる。

　データベースでは，個々のデータの値を収める領域を③＿＿＿＿＿＿といい，それらを一揃いに集めて成り立つ1件分のデータ全体は④＿＿＿＿＿という。そして，通常は，複数の⑤＿＿＿＿＿の集合がデータベースとなり，データベース管理システム（DBMS）と呼ばれるソフトウェアによって集中的に管理されている。

　文献データベースが扱うデータは，その長さにバラツキが非常に大きいので，フィールドの長さを一定の幅に固定しない⑥＿＿＿＿＿形式のレコードとして設定されている。これは，⑦＿＿＿＿＿形式のレコードと比べると，必要な記憶容量の面では効率的だが，データの読み書きに時間を要し，プログラムが扱いにくいこともある。前者の形式には，デリミタ・タグ・インデクスといった，仕切板や案内板に相当する記号が用いられる。

> **解答群**　一次情報データベース，二次情報データベース，固定長，可変長，データ，ファイル，レコード，フィールド，デリミタ，タグ，インデクス

問い2 次の図書館員の対応で，根本的に不適切である点を指摘し，改善策を示せ。
公共図書館のカウンターで，高齢の利用者に対応している場面を想定。

高　齢　者「図書館と占領政策について書かれた本のリストを急いで作りたいのですが」
図書館員「国立国会図書館（NDL）の蔵書目録を調べるといいですね。うちの図書館の
　　　　　OPACからインターネットに入り，NDLのサイトにアクセスしてください。図
　　　　　書館という言葉と占領政策という言葉をキーワードに検索できます」
高　齢　者「使い方が分からないのですが，何か利用説明書のようなものはありますか」
図書館員「残念ながら，情報検索を説明したパンフレットは図書館保存用に1部が残って
　　　　　いるだけで在庫をすべて切らしているのです。いま印刷所に増刷を頼んでいる
　　　　　ところです」
高　齢　者「いつごろ，できあがるのですか」
図書館員「次の金曜です。その翌週に検索講習会を開く予定なので，参加してください」

問い3 下記のサービス活動について該当する説明を右側から選び，●印同士を直線で結べ。

パスファインダー作成 ●　　　　● サービス圏内ながら，図書館サービスの及んでい
　　　　　　　　　　　　　　　　ない人びとに対し活動を広げていくこと。図書館
　　　　　　　　　　　　　　　　側から出向いていって，サービスを展開する。

ILLサービス ●　　　　　　　　● ある具体的なトピックスを調べるための案内ガイ
　　　　　　　　　　　　　　　　ド。一枚ものの紙葉や図書館のウェブ=サイトな
　　　　　　　　　　　　　　　　どで，各種情報源や探索方法を紹介する。

アウトリーチ活動 ●　　　　　　● 図書館内でグループ学習ができる施設空間を提供
　　　　　　　　　　　　　　　　すること。静寂を求められず，ディスカッション
　　　　　　　　　　　　　　　　などの学習形態に対応した利用が可能。

SDIサービス ●　　　　　　　　● 利用者登録をしている図書館を通して，設置母体
　　　　　　　　　　　　　　　　を異にする図書館のサービスを受けること。紹介
　　　　　　　　　　　　　　　　状発行・現物貸借・文献複写の形態がある。

ラーニング=コモンズ ●　　　　● 個人のニーズに見合った最新情報を，定期的に提
　　　　　　　　　　　　　　　　供するサービス。個別的な要求に対応しているの
　　　　　　　　　　　　　　　　がポイント。アラート=サービスともいう。

4 データベース（4）格納場所

記憶装置，編成方法，アクセス方法，
階層型と網目型のデータ＝モデル

データベースの三つの要件，数量・規則性・格納場所のうち，本章では，データがコンピュータのどの場所にどのように格納されているかについて考察します。

4.1. コンピュータの基本機能

【1】まず，コンピュータに備わっている五つの基本的な機能を確認します。それは，①入力，②記憶，③演算，④制御，⑤出力，です。

「入力」は，外部からコンピュータにデータを取り込むことであり，反対にコンピュータの内部から外へ向けてデータを取り出すことが，「出力」です。

入力装置（input device）には，キーボードやポインティング＝デバイス（マウスとかタッチ＝パネル）があり，出力装置（output device）は，ディスプレイやプリンタです。

【2】「記憶」の機能を実行する部分が，記憶装置（storage unit）です。入力装置からデータを受け取り，処理途中のデータなどを保存し，出力装置にデータを送り出します。記憶装置は，「主記憶装置」と「補助記憶装置」に大きく分かれます。

主記憶装置は，一時的なデータの保存場所です。高速に入出力が可能なものの容量が限られており，コンピュータの電源を切ると，その内容は消えてしまいます。メイン＝メモリ（main memory），あるいは単に，メモリ（memory）とも呼ばれます。

補助記憶装置は，入出力は低速ですが大量にデータを記憶でき，しかもコンピュータの電源を切っても内容が失われず，長期にわたって保存できます。コンピュータが動作しているあいだは主記憶装置の容量不足を補うために使用されることがあり，入出力装置の一種でもあります。種類は，磁気テープ・磁気ディスク・光学ディスク（CDやDVD）・フラッシュ＝メモリ（SDメモリ＝カードやUSBメモリ）などです。

【3】「演算」を担当するのが，演算装置（arithmetic and logic unit）です。記憶装置にあるデータを読み込んで演算処理を行ない，その結果を記憶装置に返します。

コンピュータにおける演算には，いわゆる加減乗除という算術演算と，条件に応じてデータのあいだのつながりを見出す論理演算（第6章 p.049参照）とがあります。

「制御」をつかさどるのが，制御装置（control unit）です。他のすべての装置が適切に動作するよう統制しています。主記憶装置内に格納されているプログラムの命令を取り出して解読し，その処理に必要な指示をそれぞれの装置に送って，処理が連続して効率的に行なわれるようコントロールしているのです。

【4】データベースのデータは，レコードの単位でまとめられて，補助記憶装置に格納されています。それらのデータは主記憶装置にいったん読み込まれてから，演算装置と制御装置によって，演算処理が行なわれるとともに処理動作が制御されます。

　補助記憶装置にレコード単位でデータを格納する方法を，編成方法（organization）といい，そのレコードを読み書きすることを，アクセス（access）と呼んでいます。どのような編成方法が取られたかによって，どのようにアクセスすればいいかも異なってきます。編成方法の種類については，次節で述べます。

【5】演算装置と制御装置，ときとして主記憶装置の存在までも含めて，CPU（シーピーユー，central processing unit，中央処理装置）と呼んでいます。

　CPUは，コンピュータの中枢機構です。パソコンでは，CPUを一個の半導体集積回路（本章 p.030参照）のなかに組み込んだ，マイクロプロセッサ（microprocessor）が使われています。

　CPUが演算装置・制御装置・主記憶装置を意味する場合に，CPU以外の装置，すなわち入力装置・出力装置・補助記憶装置は，周辺機器（peripheral equipment）と呼ばれています。

コンピュータの基本構成

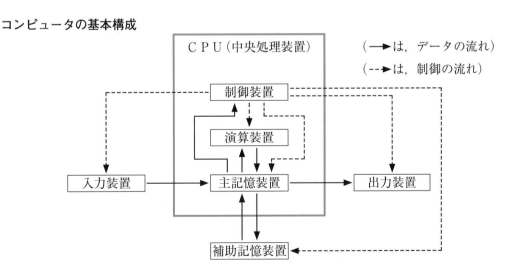

4 データベース（3）格納場所　記憶装置，編成方法，アクセス方法，階層型と網目型のデータ=モデル

4.2. 編成方法

データベースのデータは，ファイルごとにまとめられ，レコードの単位で補助記憶装置に格納されます。次々と生成されるレコードを，いかなる順番でもって，どのような場所に配置して記憶させていくのかという編成方法を定めなければなりません。

編成方法には，①順次編成，②直接編成，③索引付き順次編成，④区分編成，⑤VSAM（ブイサム）編成，などがありますが，ここでは，前段の三つを説明します。

【1】　第一に，もっともシンプルな編成方法が，**順次編成**（sequential organization）です。レコード本体を発生順に一直線上に並べていきます。レコードのあいだには並び以外の関係性はなく，新規のレコードは常に最後尾に置かれます。

レコード間の先行後続の関係は固定され，いったん定まった順序は変わりません。並びの途中に，新たなレコードの追加はできないのです。この編成方法は，補助記憶装置が磁気テープだった時代に，その物理的特性の制約から必然的に考案されました。

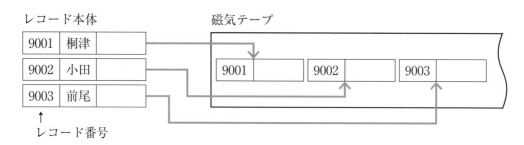

順次編成の場合のアクセス方法は，順次アクセス（sequential access）です。特定のレコードにアクセスするには，常に先頭のレコードから始めて，後続のレコードへと1件ずつ順番に，呼び出しがかかります。

【2】　第二の方法は，**直接編成**（direct organization）です。記憶装置のなかにあらかじめ「番地（アドレス）」を区分しておき，レコードは決められた番地の場所へ，それぞれに格納していく方法です。

レコードには，番地を指示する「アドレス番号」を割り振ることになります。自身のもつアドレス番号にしたがって，その値が指示する記憶装置の格納場所に，おのおの蓄積されるのです。直接編成は磁気ディスクで可能です。

番地指定は，①レコードのもつアドレス番号と，同じ値の番地のところにレコードを蓄積していくダイレクト方式と，②アドレス番号を特別な計算式にしたがって別の値に変換し，その算出した値をもつ番地のところに格納するランダム方式があります。

直接編成のダイレクト（番地指定）方式

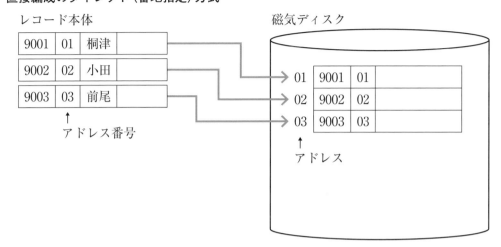

直接編成のランダム（番地指定）方式

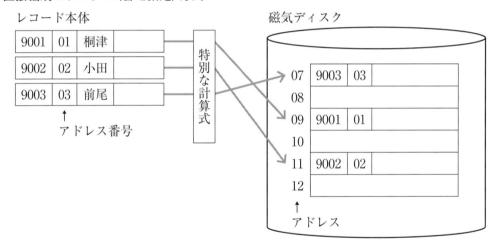

直接編成でのアクセス方法は，直接アクセス（direct access）です。ランダム＝アクセス（random access）とも呼びます。レコードのもつアドレス番号を手掛かりとして，記憶装置上の番地を割り出し，その場所に格納されているレコードを直接に呼び出します。

【2a】磁気ディスクは，片面または両面にデータを記録できる磁性体で，形状は平らな円盤です。種類が二つあり，固い剛体のものをハード＝ディスク，たわむ素材のほうをフロッピー＝ディスク，またはフレキシブル＝ディスクと呼びます。

　ハード＝ディスク＝ドライブとは，ハード＝ディスクを読み書きする装置をいい，ハード＝ディスクと一体化した着脱不能な保護容器のことです。ここには，複数枚のハード＝ディスクが積み重なった状態で収納されており，その表裏両面が磁性体となっていて，データを記憶します。

4 データベース(3) 格納場所　記憶装置, 編成方法, アクセス方法, 階層型と網目型のデータ=モデル

【3】第三の方法は，**索引付き順次編成**（indexed sequential organization）です。順次編成を母体としながらも，内部に「索引」を組み込んでレコードの効率的なアクセスを目論みます。磁気ディスクでの編成が前提です。

索引付き順次編成では，まず，基本データ域（prime area）と呼ぶエリアに，レコードが発生順に格納されます。レコード番号の順に，順次編成で格納されるのです。

基本データ域に付随して，索引域（index area）と呼ぶエリアを設けます。索引域は，索引機能をもつデータ域で，ここには「索引レコード」が格納されます。索引レコードは，「レコード番号＋アドレス番号」という組み合わせで構成されています。アドレス番号は，レコードを格納してある場所を示す位置情報です。

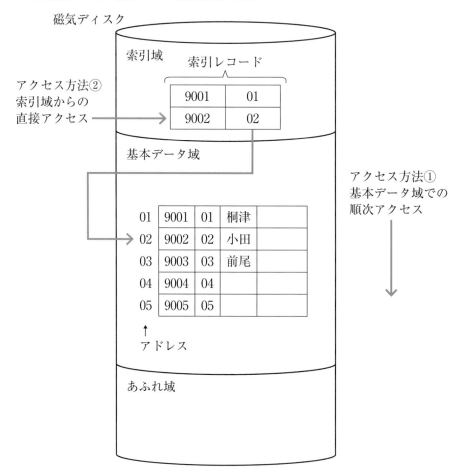

レコードにアクセスするには，二つの方法があります。基本データ域から入って，先頭からの順次アクセスとする方法が，一つ。もう一つは，索引域から入ります。索引域の索引レコードからレコード番号を特定し，アドレス番号を割り出します。そのうえで，基本データ域のエリアに入り，アドレス番号で指示された番地にダイレクトに飛ぶ直接アクセスの方法です。両方のアクセス方法の特性を備えた，編成方法となっています。

【3 a】索引付き順次編成には、さらに、あふれ域（overflow area）というエリアをもっています。あふれ域は、ファイルがいったん生成された後で、レコードを追加しなければならなくなったときに備えた、補助的な領域です。索引付き順次編成は、索引域・基本データ域・あふれ域という三つのエリアをもっているのです。

ただし、あふれ域に収容されていくレコードが増大してくると、基本データ域を検索した後に、再度あふれ域についても探す必要が頻繁に生じることになります。アクセス効率が低下するために、あふれ域内のレコードを基本データ域に戻して整列させ、基本データ域の全体を定期的に再編成することが必要となってきます。あふれ域はあくまでも避難場所であって、本来は基本データ域に格納されるべきものだからです。

4.2. データ＝モデル

【1】どのような編成方法をとるにしろ、いったんレコードを補助記憶装置に格納してしまった後では、その物理的な定位置を容易には動かすことができません。ただし、レコードとレコードのあいだの関連性を何らかのかたちで取りつけることは可能です。

レコード相互の結びつきを実現させる一つの方法に、**ポインタ**（pointer）があります。ポインタとは、他のレコードの所在位置を示すデータ値のことです。ポインタを設定すれば、特定のレコードのポインタを読み込むことで、そこに指示されている別なレコードの所在位置へと導かれるのです。たとえば、レコードが次のような順序で物理的に格納されているとします。

↓アドレス　　↓ポインタ
10 ｜鷲塚ミヨ　　0｜　　30 ｜安東奈津　　70｜　　50 ｜本野しおり　　10｜　　70 ｜小森詩　　50｜

先頭へのポインタでアドレス番号の「30」を指定すると、レコードの末尾にあるポインタを順に読み込んでいくことで、次のようなアクセス経路をたどることになります。

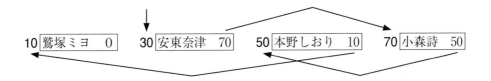

物理的な編成方法では「鷲塚ミヨ　→　安東奈津　→　本野しおり　→　小森詩」という並びなのですが、利用者側から見える仮想的な経路では「安東奈津　→　小森詩　→　本野しおり　→　鷲塚ミヨ」という五十音順の並びが表現されているのです。

4 データベース（3）格納場所　記憶装置, 編成方法, アクセス方法, 階層型と網目型のデータ=モデル

ポインタのデータ値を適切に設定することによって，レコードの物理的な格納場所をずらすことなく，レコードを追加したり削除したりすることも実現可能となります。利用者の側からは実体とは異なる仮想的な構造が見えているわけです。

【2】 データ値を実際にコンピュータの記憶装置に格納したときの物理的なメカニズムが，前節で述べた編成方法ですが，これに対して，利用者の側から見た仮想的な構造のほうを，**データ=モデル**（data model）と呼ぶことします。

　ポインタを二つ以上もてば，上位・下位という階層性を表現することも可能となります。複数のポインタを使うことで，次に述べるような「階層型」「網目型」というデータ=モデルが表現されています。

【2a】階層型データ=モデル（hierarchical data model）とは，一つのレコードが複数のポインタをもち（1：n），木の枝分かれのような階層構造を表現しているものです。ポインタは方向性を持ち，一定の方向だけに分岐して反対方向への循環はありません。

　たとえば，一人の著者から多くの論文が検索されるためには，著者名からみて論文名の方向に「1：n」の関係でポインタを持つ必要があります。ただし，論文名から著者名に向けた逆方向では，常に「1：1」に対応していなければなりません。下位レコードからみて上位レコードは必ず一意に決まるのが，この階層型データ=モデルです。

　同様に，大学における学部・学科と，そこに所属する学生の関係も，階層型データ=モデルとなります。一つの学部は複数の学科をもち（1：n），それらの学科にはそれぞれに多くの学生が所属しています（1：m）。学生のほうは，必ず一つの学科に所属しており（1：1），それぞれの学科は単一の学部の系列に置かれています（1：1）。

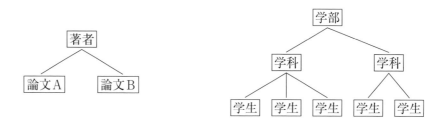

この階層型データ=モデルにおけるポインタのことを，とくに**リンク**（link）と呼びます。リンクは，レコードとレコードのあいだで正順方向に「1：n」，逆順方向には「1：1」に対応しているポインタのことで，その状態を「リンクが張られている」といいます。

［注記］正順方向に「1：n」のポインタをもち，逆順方向にも「1：m」のポインタをもった状態は「**紐付け**（association）」といい，「紐付けられている」と呼んだりします。多面的な関連付けを示すもので，次に述べる「網目型」で実現されています。

【2b】網目型データ=モデル（network data model）は，レコード相互で，正順方向に「1：n」のポインタをもち，逆順方向にも「1：m」のポインタをもつものです。

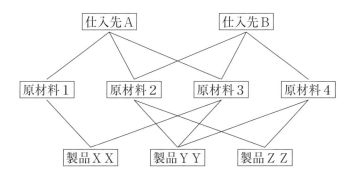

たとえば，「原材料2」は，「仕入先A」と「仕入先B」の二箇所から仕入れられており，「原材料3」「原材料4」と一緒になって「製品ＹＹ」を，また「原材料4」とともに「製品ＺＺ」を生産しています。上位レコードが複数の下位レコードをもち，同様に下位レコードも複数の上位レコードをもつことで，網目型の入り組んだ構造が表現されています。

【3】1963年に，世界で初めてといわれるデータベース=システムが，アメリカのGE社で開発され，翌1964年に「IDS（Integrated Data Store）」という商品名で発売されます。これは，網目型データ=モデルの元祖でした。網目型データ=モデルは，CODASYL（プログラミング言語・COBOLの仕様開発を主たる目的に設立された団体）の，データベース作業班が，実用化に尽力します。商品化された代表例は，カリネット=ソフトウェア社（Cullinet Software）の「IDMS（Integrated Database Management System）」です。

1968年には，米IBM社が「IMS（Information Management System）」という名称の，こちらは階層型データ=モデルを備えたデータベース=システムを稼働させます。当時の「アポロ計画」において必要とされる何百万点もの部品を，相互の関連性を保ちながら，集中的に管理する目的のものでした。階層型データ=モデルの商品化では，そのほかに，MRIシステムズ社の「System2000」などが知られています。

【3a】1970年に，画期的な論文が公表されます。IBM社サンノゼ研究所（現アルマデン研究所）のエドガー=コッド（Edger F. Codd）が，**関係型データ=モデル**（relational data model）を提唱したのです。前年にIBM社の社内報「IBM Research Report」に掲載された報告をベースにしたものでした。階層型データ=モデルや網目型データ=モデルのような物理的なポインタをもたず，数学の集合論に立脚した明晰さでもって，データベースの論理的な構造を表現したのです。

ただ，コッドの論文はデータ=モデルの理論を述べたものでしたので，これ以降は，関係型データ=モデルに基づくデータベース=システムの実現が，各方面で研究されること

4 データベース（3）格納場所　記憶装置，編成方法，アクセス方法，階層型と網目型のデータ=モデル

となります。とりわけ，IBM社サンノゼ研究所で開発された「SystemR」と，カリフォルニア大学バークレー校で開発された「Ingres」が有名です。前者はIBM社の大型汎用機用に，後者はUNIXを基本ソフトとする中型機上で開発されました。

1981年になって，IBM社が大型汎用機向けの「SQL/DS」を商品化，1983年には「DB 2」の名称で決定版を世に送り出します。ただし，商品化じたいはオラクル社のほうが早く，IBM社に先駆けて1979年に「Oracle」をリリースしています。

1992年には，個人用途のパソコン向けに，マイクロソフト社の「Access」が発売されるなど，関係型データ=モデルに基づくデータベース=システムが数多く商品化されます。階層型や網目型のようにデータの上位下位の従属関係を考慮する必要がなく，操作上の優位性は揺るぎないものとなりました。

関係型データ=モデルを備えたデータベース=システムのことを，一般的には「リレーショナル=データベース（relational database）」と呼んでいるのです。これによって，階層型と網目型のデータ=モデルに基づくデータベース=システムは，「カード式データベース」と総称されることがあります。一つのレコードを1枚のカードに見立てて，単票を集積していくタイプのデータベースです。なお，リレーショナル=データベースについては，最終の第15章で説明しています。

［注記］　IC（Integrated Circuit，半導体集積回路）は，シリコン素材の小片（チップ）の表面に，微細な半導体部品を数多く組み合わせて動作可能な回路（電気の流れる通路）を作り込み，これをプラスチックやセラミックでパッケージしたものです。単純な基本的回路であっても，十分に集積させることで電子の移動する距離が短くなり，高レベルの複雑さを処理できるまでに至るのです。集積度の比較的小規模のものをIC，それよりも大規模になるとLSI（Large Scale Integrated Circuit）と呼びます。

半導体とは，金属のように電気の流れやすい導体と，ガラスやダイヤモンドのように電流をほとんど流さない絶縁体との，中間の電気伝導性をもつ物質です。低温では電流をほとんど通さないのですが，高温になるにつれて導体として働きます。微細な半導体部品には，トランジスタ（電気の流れを切り替えたりその勢いを増幅させたりする），レジスタ（電気の量を制限したり調整したりする），コンデンサ（電気を蓄えたり放出したりする）があります。これらを数多く組み合わせることで，電気が流れているか切れているかという，「1」か「0」かの二つの状態を回路のなかで実現させるのです（第13章 p.124参照）。■

4 演習問題 データベース(3) 格納場所

問い1 コンピュータの基本機能を表す，下記の図に関する記述で，正しいものをすべて選び，冒頭の数字を○印で囲め。

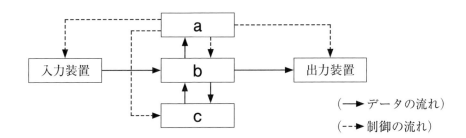

(──▶ データの流れ)
(--▶ 制御の流れ)

1　aは制御装置で，他のすべての装置の働きをコントロールする。
2　bは演算装置で，データを入力装置から受け取り演算処理して出力装置に送り出す。
3　bは記憶装置で，データを入力装置から受け取り保存処理して出力装置に送り出す。
4　cの装置は単体でCPUといい，コンピュータの中枢に位置付けられる。
5　aとbとcの装置を合わせてCPUといい，コンピュータの中枢に位置付けられる。

問い2 編成方法に関する記述で，正しいものをすべて選び，冒頭の数字を○印で囲め。

1　順次編成は，磁気テープを対象としたものであって，磁気ディスク対象では用いることができない。
2　順次編成は，新たなレコードを，すでに格納されているレコードの並びの途中に挿入することはできない。
3　直接編成は，ランダム=アクセスにも，シーケンシャル=アクセスにも，どちらにも適している。
4　直接編成で，レコードのもつアドレス番号は，そのまま格納場所のアドレス番号と一致し，常に同じ値となっている。
5　索引付き順次編成は，索引域・基本データ域・あふれ域という，三つのエリアから成り立っている。

4 演習問題 データベース(3) 格納場所

問い3 次の図書館員の対応で，根本的に不適切である点を指摘し，改善策を示せ。
大学図書館のカウンターで，その大学の学生に対応している場面を想定。

学　　生「卒論で必要な論文を探しているのですが，どうやったらいいのでしょう」
図書館員「インターネットでCiNii Articlesは，使ってみましたか」
学　　生「いいえ。そのCiNii Articlesとは何ですか」
図書館員「国立情報学研究所が提供しているデータベースで，学術論文を検索できます。CiNii Articlesに収録されている論文のうち，かなりの数は全文も見ることができますよ。そこのOPACはインターネットに接続されているので，アクセスしてみてください」
学　　生「全文を見ることができない場合は，どうしたらいいですか」
図書館員「論文の掲載誌を確認してください。その雑誌が，うちの図書館にあれば閲覧や複写ができますが，もしもここで所蔵していなければ，残念なのですが，手立てはなく致し方もありません」

問い4 下記のデータベースについて該当する記述を右側から選び，●印同士を直線で結べ。

ProQuest Dialog ●
（プロクエスト＝ダイアログ）

● 日本国語大辞典，国史大辞典，現代用語の基礎知識など，多数のコンテンツを収録したデータベース。小学館グループのネットアドバンス社が運営。

J -GLOBAL ●
（ジェイ＝グローバル）

● さまざまな領域の複数データベースを統合して提供。1960年代に米国で誕生し，1972年から商用利用の開始，2013年にシステムが全面更新された。

JapanKnowledge ●
（ジャパン＝ナレッジ）

● 科学技術振興機構（JST）の運営する，総合的なデータベース。科学技術情報のJDreamⅢや特許情報のJ-PlatPatなどを統合して提供。

STN ●
（エスティーエヌ）

● アメリカ化学会の情報部門であるCASが提供している，化学関連情報のデータベース。論文や特許はもとより，化学物質情報も対象。

SciFinder ●
（サイ＝ファインダー）

● 化学情報を主体に提供するデータベース。日本のJST，米の CAS（Chemical Abstracts Service），独の FIZ Karlsruheが共同運営。なお，2007年に日本ではJSTから化学情報協会へ業務移管された。

問い5 次の文章の空欄に当てはまる，もっとも適切な語句を，解答群から選んでしるせ。

歯車が主体の機械式の計算機は，17世紀にフランスのパスカルやドイツのライプニッツが製作している。19世紀に英国の①＿＿＿＿＿＿（人名）は，機械操作の手順を穴のあいたカードで供給するという構想を思いつくが，実際の完成には至らなかった。

20世紀になると，電気信号で計算が行なえるコンピュータが登場する。ABCマシン（1942年）やコロッサス（1943年）である。前者は，米アイオワ大学のアタナソフが連立方程式を解くための専用機として開発し，後者は英国の②＿＿＿＿＿＿（人名）らが参画したプロジェクトのなかでドイツ軍の暗号解読用に作られた。

世界最初のコンピュータを厳密に指定するのは難しいが，プログラミング可能な汎用機として，③＿＿＿＿＿が候補に上げられる。対空高射砲の照準計算を高速に行なうためにアメリカ陸軍が資金を拠出したプロジェクトにより，1946年に完成。真空管（電子管）を数多く用いた非常に巨大なもので，プログラムは配線により外部から供給した。中心的役割を担ったペンシルバニア大学のエッカートとモークリーは，④＿＿＿＿＿方式を開発の過程で考案。中途から顧問として参加した⑤＿＿＿＿＿＿（人名）が，この方式に関する理論と技術をレポートにまとめ，公表した。

1960年代，コンピュータは大企業の基幹業務で使用され「メインフレーム」と呼ばれた。この分野では1970年代までIBM社が圧倒的シェアを保った。一方で，大学や研究所などの小規模な環境で使える中型機（当時は「ミニコン」と呼ばれた）も開発された。

1960年代後半には，IC（半導体集積回路）が登場する。そして，コンピュータとしての機能を単体のICのなかに組み込んだ⑥＿＿＿＿＿＿が開発された。世界で最初のものは，1971年にインテル社がリリースした，4ビットの「4004」である。インテル社の共同創業者の一人は「半導体の集積密度は18か月ごとに2倍になる」という，技術開発のスピードに関する経験則を1965年に提唱。この⑦＿＿＿＿＿が示すように，1970年代初めには8ビット，1970年代終わりには16ビットが主流となり，その後の1980年代半ばには32ビットが，2000年代には64ビットのものが登場した。

半導体集積回路の発展もあり，1980年代に入ると，メインフレームを多数人で共用する形態から，小型機の個別利用へと，大きくシフトする。個人用途のコンピュータは，当初「マイコン」と呼ばれたが，程なく「パソコン」と称された。

解答群 バベッジ，ジャカール，エイダ，フォン-ノイマン，チューリング，ENIAC, EDSAC, EDVAC, UNIVAC, トランジスタ，プログラム内蔵，マイクロプロセッサ，ジップの法則，ムーアの法則，ロトカの法則

5 コンピュータ目録（1）レコード構成

レコード構成，読み形，分かち書き，索引ファイル（転置ファイル）

　図書や雑誌の書誌事項をデータとして集めて，ローカルな所蔵事項を加えたデータベースが「目録データベース」です。タイトル・著者名・出版社名などの書誌事項がデータ値としてフィールドに格納され，資料単位で1レコードとなり，図書や雑誌の資料種別でファイルが構成されています。「文献データベース」とほぼ同義です。また，一般的には「コンピュータ目録」と呼ばれています。

　OPAC（オパック，online public access catalog）とは，コンピュータ目録を蓄積してあるコンピュータ本体に，通信回線で接続されている端末機のことです。コンピュータ目録にアクセスして，検索時のキーワードの入力や検索結果の出力など，情報検索の具体的な過程をディスプレイ画面上に表示します。

　コンピュータ目録は，その初期には「機械可読型目録（Machine-Readable Catalog）」と呼ばれ，英文略称の「MARC（マーク）」は，こんにちでもコンピュータ目録の意味として用いられます。たとえば，国立国会図書館の蔵書を対象としたコンピュータ目録は，「JAPAN/MARC（ジャパン＝マーク）」と称されています。

　本章では（開発当初のフォーマットに準拠した）JAPAN/MARCを取り上げて，日本語仕様のコンピュータ目録の特徴である「読み形」と「分かち書き」について説明し，そのうえで「索引ファイル（転置ファイル）」の存在に言及します。

5.1. レコード構成

　下記の資料は，著者名・タイトル・出版社名という最小限の書誌事項から成るものです。この事例からJAPAN/MARCにおけるレコードの構成を考察することとします。
　　　山田太郎著『日本語表現技術』朝日新聞社刊

【1】フィールドの定義
　まず，データの性質を洗い出してフィールドを定義します。どのようにフィールドを定義するかは，日本目録規則と密接に連動しています。日本目録規則にしたがって，書誌事項のすべてをあらかじめフィールドとして定義しておかなければなりません。図書の場合は，和書・洋書を合わせると，フィールドの数は二百を超えてしまいますが，実際に使う

のはせいぜい二十程度に過ぎません。資料のすべてが常に二百以上の書誌事項をもっているわけではないからです。そこで，定義はしておくものの，出現したデータ値に基づいたフィールドのみで，そのつどレコードを構成することになります。

前ページの事例では，フィールドに「著者」「タイトル」「出版社」を設定します。レコードを一意に同定・識別できるよう，数列パタンのフィールドも設けますが，ここでは，レコードの作成順に起番する「レコード番号」とし，仮に4桁の「８００１」とします。

　　レコード番号　　著者　　　タイトル　　　　出版社
　　　　８００１　　山田太郎　日本語表現技術　朝日新聞社

次に，レコードの形式について固定長か可変長かを選択します。出版物の場合は，データ値の長さにバラツキがあまりに大きいので，可変長形式のレコードとする必要があり，しかもフィールドの区切りにはタグとデリミタとを併用し，さらにフィールドの出現箇所を示すインデクスをレコード単位で付けるという慎重な配慮を施します。

【２】デリミタの設定

では，第一に，区切り記号であるデリミタを設定します。ここでは，一つのフィールドについて，開始のデリミタをドル記号［＄］，終了のデリミタはハッシュ記号［＃］で表すこととします。デリミタを付与すると，この事例は次のようになります。

　　　　８００１＃＄山田太郎＃＄言語表現技術＃＄朝日新聞社＃

実際のJAPAN/MARCではフィールドの下位にサブフィールド（sub-field）を設けています。一つのフィールドで，同じ性質のデータ値の繰り返しに対処するためです。たとえば，「著者」フィールドが定義されたとしても，「オスカー＝ワイルド著，矢川澄子訳，前田和夫画」のように，著者として扱うべきデータ値が複数存在することがあるからです。フィールドの下位にその個数分のサブフィールドをそのつど設定しています。

【３】タグの設定

第二に，フィールドの内容を示すタグを付けます。数字3桁で表現することとし，レコード番号を「００１」，著者名「１１０」，タイトル「２２０」，出版社「３３０」とします。便宜的にタグにアンダーラインを引くと，全体は次のようになります。

　　　　<u>００１</u>８００１＃<u>１１０</u>＄山田太郎＃<u>２２０</u>＄言語表現技術＃<u>３３０</u>＄朝日新聞社＃

5 コンピュータ目録（１）　レコード構成，読み形，分かち書き，索引ファイル（転置ファイル）

【４】インデクスの設定

第三に，フィールドの出現箇所を示すインデクスを設定します。前ゼロをふって桁数を３桁とし，それぞれのインデクスを連結してレコード全体の先頭に置きます。

　分かりやすくするため，インデクスは３桁ごとに半角分を空けておきます。なお，レコード全体の長さを示す数値については，実際のJAPAN/MARCではインデクス箇所の前段に「レコード＝ラベル」の名称で設定されていますが，ここでは省略します。

　　　　　０００　００５　０１１　０１９　００１８００１＃１１０＄山田太郎＃２２０＄言語表現技術＃３３０＄朝日新聞社＃

上記の事例では，まず，レコード番号のフィールドである「８００１＃」の出現位置を「０００」とします。続く著者名のフィールド「＄山田太郎＃」の出現位置は，レコード番号のフィールドの直後なので，その長さ分の「００５」を出現位置とします。タイトルのフィールド「＄日本語表現技術＃」の出現位置は，レコード番号と著者名のフィールドの長さを合計したものが相当し「０１１」となります。出版社「＄朝日新聞社＃」の出現位置は「０１９」です。フィールドの内容を示すタグは，計算には入れません。

　前記の事例は，この後に「読み形」を設定します。

5.2.「読み形」の設定

【１】JAPAN/MARCは，日本語仕様のコンピュータ目録として二つの特徴をもっています。その一つは，書誌事項を，その「読み」からも検索できることです。

　漢字かな混じりなどで資料じたいに表示されている書誌事項の表記を「表示形」，この表示形について現代かな遣いで「読み」をふったものを「読み形」と呼ぶことにします。

　たとえば，前記の事例にあるタイトルの「言語表現技術」は表示形ですが，その読み形はカタカナ表記で「ゲンゴヒョウゲンギジュツ」となります。コンピュータ目録では読み形も一つのフィールドを形成しており，検索対象となっているのです。

　実際のJAPAN/MARCの読み形は，カタカナ表記とローマ字表記（訓令式）との両様で設定されています。読み形の表記は，コンピュータ目録によって異なります。

【２】前節の事例に対して，著者名とタイトルについての読み形を，カタカナ表記で設定します（出版社名には読み形を付けないこととします）。

　読み形を格納するフィールドを新たに定義するのですが，タイトルの読み形を格納するフィールドのタグを「５５０」，そして著者の読み形のタグを「７７０」とします。

　　　　５５０＄ゲンゴヒョウゲンギジュツ＃
　　　　７７０＄ヤマダタロウ＃

読み形の設定により，この事例における１レコードの全体は，下記のように編成されます。冒頭のインデックス部分には，読み形フィールドの出現位置が追加されています。

　　　　０００　００５　０１１　０１９　０２６　０４０　００１８００１＃１１０＄山田太郎＃２２０＄言語表現技術＃３３０＄朝日新聞社＃５５０＄ゲンゴヒョウゲンギジュツ＃７７０＄ヤマダタロウ＃

【３】表示形と読み形とは別々のフィールドに格納されているので，読み形から表示形へ向けてリンクを張ることとします。読み形のフィールドにポインタを設置するのですが，ここでは，フィールドの内容を示す数字３桁のタグをポインタとして流用します。ポインタの長さもインデックスに加え，全体は次のようになります。

　　　　０００　００５　０１１　０１９　０２６　０４３　００１８００１＃１１０＄山田太郎＃２２０＄言語表現技術＃３３０＄朝日新聞社＃５５０＄ゲンゴヒョウゲンギジュツ２２０＃７７０＄ヤマダタロウ１１０＃

上記の事例では，著者名の読み形「ヤマダタロウ」のすぐ後ろに，表示形の著者名を示す「１１０」というタグが置かれています。そのタグがポインタの働きをすることで，読み形「ヤマダタロウ」からの検索は，表示形「山田太郎」へとリンクが張られています。タイトルについても同様です。表示形と読み形のあいだが関連付けられ，検索は表示形からも読み形からも，可能となるのです。

【４】表示形にローマ字や数字が使われているとき，読み形では，①ローマ字や数字を読み下す場合と，②そのまま残す場合とがあります。たとえば「21世紀のASEAN地域」という表示形の場合，読み下せば「ニジュウイッセイキノアセアンチイキ」となり，ローマ字や数字はそのまま残せば「21セイキノASEANチイキ」となります。コンピュータ目録によって異なりますが，JAPAN/MARCはすべてを読み下す方式です。

　JAPAN/MARCではまた，①表示形での助詞の「は」「へ」「を」は，読み形では発音通りの「ワ」「エ」「オ」とする，②表示形で二語の連合または同音の連呼で生じた「ぢ」「づ」は，読み形では「ジ」「ズ」とするといった，日本目録規則での「排列（見出し項目の並べ方）」のルールに従っています。

　前記の事例については，この後に「分かち書き」を引き続いて施します。

5.3. 「分かち書き」の設定

【1】 日本語の表記は，単語と単語のあいだに区切りとしての空白を置かず，すべての文字が隙間なく密着している「ベタ書き」です。これに対して，英語の表記には，単語と単語のあいだに空白を置いた「分かち書き」が施されています。

JAPAN/MARCが日本語仕様のコンピュータ目録としてもつもう一つの特徴は，表示形や読み形に（英語表記のような）分かち書きを意図的に施していることです。

JAPAN/MARCが開発された当初の懸念は，「ベタ書き」のままでは検索キイが常に単語の冒頭からに限定されることでした。そこで，意図的に分かち書きを施すことによって空白の区切りを生み出し，その空白によって切り出された途中の語句からも，検索が可能となるように設定したのです。検索の幅を大きく広げました。

のちに全文検索（第11章 p.107参照）の技術が向上したことで，人力で意図的に分かち書きを施すのではなく，コンピュータ技術で自動的に索引キイを切り出して検索に対処できるようにもなっています。

【2】 前記までの事例に戻ります。ここでは，タイトルと著者名について，表示形と読み形とに（空白を挿入して）分かち書きを施すこととします。

1レコードの全体は下記のようになります。空白は△印で表示してありますが，コンピュータは空白も1文字として数えますので，インデクスの数値は変化しています。

000 005 012 022 029 048 <u>001</u>8001＃110＄山田△太郎＃220＄言語△表現△技術＃330＄朝日新聞社＃550＄ゲンゴ△ヒョウゲン△ギジュツ220＃<u>770</u>＄ヤマダ△タロウ110＃

実際のJAPAN/MARCにおいては，分かち書きの区切り記号は空白だけでなく，二重斜線記号［∥］やコンマ記号［，］が使われている箇所があります。

【3】 日本語での分かち書き処理の方法には，「文節単位」と「自立語単位」の二つがあって，両者は区切りの位置が異なります。

「文節」とは，文を意味のうえから不自然でない程度に区切ったときに得られる単位です。内容的なまとまりがあり，その切れ目は音読時の息継ぎの箇所とほぼ同じです。

「自立語」とは，それ単独で文節を構成できる語のことで，名詞・動詞・形容詞・形容動詞・連体詞・副詞・接続詞・感動詞を指します。この自立語の対義語が「付属語」で，それ単独では文節を構成することができない助詞・助動詞をいいます。

参考までに、日本語の品詞は、下記のように分類されています。

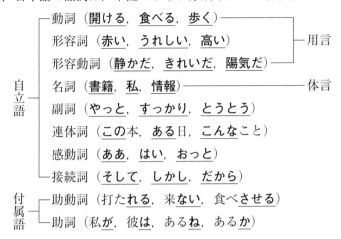

【3a】「文節単位」の分かち書きは、文節の箇所で切れ目を入れます。つまり、自立語だけが連なっていれば自立語で区切り、付属語が連なっていれば自立語に付属語を付けたまとまりで区切ります。文章の内容的な切れ目を重視したものです。

　　　　　情報の△科学と△技術　　　　　ジョウホウノ△カガクト△ギジュツ

【3b】「自立語単位」の分かち書きは、自立語だけを常に独立させて区切ります。自立語と付属語のあいだに切れ目を入れて分断し、意味のある単語のみを重視する施策です。

　　　　　情報△の△科学△と△技術　　　　ジョウホウ△ノ△カガク△ト△ギジュツ

JAPAN/MARCは、後者の「自立語単位」での分かち書き処理が施されています。情報検索で手掛かりとする検索語は名詞が主体であるところから、単語の存在を優先したのです。
　「分かち書き」を施すことで、レコード1件分が完成し、補助記憶装置に格納されて図書ファイルが構築されます。そのうえで「索引ファイル」が別途に設定されるのです。

5.4. 索引ファイルの設定

【1】索引ファイル（index file）は、「索引レコード」の集まりです。著者名やタイトルといった特定フィールドのデータ値が、検索の手掛かりとなる索引語として取り出されており、それらの語句がどのレコードで出現するものなのかを記録しているのです。索引レコードは、①特定フィールドのデータ値（索引語）と、②レコード番号との組み合わせで

5 コンピュータ目録(1)　レコード構成, 読み形, 分かち書き, 索引ファイル(転置ファイル)

あり，後段のレコード番号がここでは所在情報に当たります。索引レコードは，すべてのフィールドの，すべてのデータ値から生成できますが，一般的には利用者の検索行動を想定して，特定のフィールドに限定して作られています。

【1a】ところで，前章で述べたように（第4章p.026参照），索引付き順次編成の索引域にある索引レコードは，①レコード番号と②アドレス番号との組み合わせでした。レコード番号が索引キイであり，アドレス番号は基本データ域に刻まれた所在情報です。

索引域にある索引レコード（索引付き順次編成）

索引ファイルにある索引レコード（コンピュータ目録）

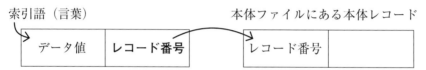

このとき，コンピュータ目録の索引ファイルを，索引付き順次編成の索引域と比べてみると，双方の索引レコードではレコード番号の位置が入れ替わっていることに気付きます。索引ファイルの索引レコードは，①特定フィールドのデータ値と②**レコード番号**ですが，索引域にある索引レコードは，①**レコード番号**と②アドレス番号です。

　レコード番号の位置転倒に着目して，コンピュータ目録の索引ファイルのことを，別名で「**転置ファイル（インバーテッド＝ファイル，inverted file）**」と呼びます。

【1b】索引ファイル（転置ファイル）の必要性は，次の理由からです。

　一般にデータベースの検索は，レコード番号やID番号のような「数字」を検索キイとして用います。一意に同定・識別が可能な数列パタンを手掛かりとすることで，そこに連なる1件分のレコードを取り出すのです。ただ，数列パタンは長蛇になると人間が瞬時には思い出すことが難しくなるので，磁気カードやICカードに記憶させておくという手法が導入されています。カードから数列パタンを読み取り（本人認証の暗証番号と組み合わせてアクセス権限を確認し）目指すレコードを呼び出すのです。

　これに対してコンピュータ目録での検索は，タイトルや著者名といった「言葉」で行なわれます。文字列パタンからの検索が主体です。そのために索引レコードを転置させ，言葉（特定フィールドのデータ値）からレコード番号（数列パタン）を割り出し，そのレコ

ード番号でもって,改めて本体ファイルを検索するという二段階のステップを踏む方法が採択されたのです。第一段階で索引ファイル(転置ファイル)を検索し,第二段階で本体ファイルの検索に向かうことになります。

【2】索引ファイル(転置ファイル)は,次のように構築されています。

まず,特定フィールドのデータ値が選定され,索引語として(ローマ字・カタカナ・漢字を含めて)一定のルールで配列されます。このとき,そのデータ値がどのフィールドから取り出されたものなのかを示す情報もあわせて記録されるのです。ここでは,抽出フィールドの情報をローマ字1文字で示すこととします。表示形と読み形を含めて,著者名のフィールドを「A」,タイトルのフィールドを「T」,出版社のフィールドを「P」とし,タグとしてデータ値の冒頭におきます。

そして,そのデータ値を含むレコードのレコード番号が配置されます。後段のレコード番号が,いわば所在情報となって本体ファイル内のレコードを引き当てます。

特定フィールドのデータ値	レコード番号
A. ヤマキ△タケシ	7123
A. ヤマダ△タロウ	3101, 6012, 8001
A. ヤマダ△フトシ	9356
︙	
A. 山田△太郎	3101, 6012, 8001
︙	
T. ゲンゴ△ヒョウゲン△ギジュツ	8001
︙	
T. 言語△表現△技術	8001
︙	
P. 朝日出版社	1201, 2210, 8001

【2a】索引ファイル(転置ファイル)を検索する最初の画面が,検索枠一つの「簡易検索画面」となっていることがあります。単一の検索枠をもつ簡易検索画面では,索引ファイル(転置ファイル)の全体に対して検索がかけられます。加えて「詳細検索画面」が設

5　コンピュータ目録（1）　レコード構成，読み形，分かち書き，索引ファイル（転置ファイル）

けられており，選択できるようになっています。ここでは，索引ファイル（転置ファイル）から複数のフィールドが選ばれて，それぞれに対応した複数の検索枠となっています。

　　　簡易検索画面の事例　　　　　　　　　詳細検索画面の事例

【3】索引ファイル（転置ファイル）を設けたことで，検索結果も二段階で表示されます。

　第一段階は「簡略表示」です。（簡易検索画面からにしろ，詳細検索画面からにしろ）入力された検索語に対し，索引ファイル（転置ファイル）のなかが検索され，その結果が一覧で表示されます。該当するレコードの総数が示されるとともに，タイトル・著者名・出版社・出版年といった最小限の書誌事項が，レコードごとに表示されます。

　表示の順番は，検索語の出現頻度などから算出された適合度（関連度）の順，出版年の新しい順（降順），タイトルの五十音順（降順）などで選択できますが，デフォルトは適合度の順です。検索結果が多すぎる場合に絞り込みのメニューが用意されていたり，逆に結果がゼロの場合でも他のデータベースへとシームレスに移行できたりする機能もあります（簡略表示の段階で，所蔵事項が表示されるOPACもあります）。

【3a】第二段階は「詳細表示」です。簡略表示の一覧のなかから特定のレコードがクリックされると，そのレコード番号を手掛かりとして改めて本体ファイルが検索され，該当するレコード全体のデータ値が取り出されて表示されるのです。詳細な書誌事項とともに所蔵事項が表示され，さらにタイトルや著者名の読み，書影や目次，著者略歴や内容紹介などを見ることのできるものもあります。

　所蔵事項は，配架場所・請求記号・登録番号・状態（貸出可能か否か）などですが，貸出中であれば予約が，書庫内資料であれば出庫請求が，それぞれ指示できる機能をもつものもあります。検索結果をプリントアウトできるOPACもあります。

　二段階のステップは一見すると面倒なようですが，「言葉」を駆使して検索できる点で非常に有効なのです。次の第6章では，索引ファイルに対する検索戦略を学びます。

［注記］　JAPAN/MARCは，準拠していたUNIMARCフォーマットを変更して，2012年1月より，**JAPAN/MARC MARC21**（ジャパン=マーク=マーク=トゥエンティワン）フォーマットへと改められています。

5 演習問題　コンピュータ目録（1）　レコード構成

問い1　下記は，コンピュータ目録の1件のレコードを図示したものである。このレコードにヒットさせるための適切な検索方法をすべて選び，冒頭の数字を○印で囲め。ただし，キーワードの完全一致を原則とし，どんな例外も認めない仕様とする。また，△印は空白を意味する。

フィールド	データ値
レコード番号	０３６２
タイトル（表記形） タイトル（読み形）	ドラえもん ドラエモン
著者（表記形） 著者（読み形）	藤子・△Ｆ・△不二雄 フジコ△エフ△フジオ
出版社	小学館
出版年	１９９８

検索画面

1
タイトル：ドラエモン
著者：
出版社：
出版年：

2
タイトル：
著者：藤子不二雄
出版社：
出版年：

3
タイトル：どらえもん
著者：
出版社：
出版年：

4
タイトル：
著者：ドラエモン
出版社：
出版年：

5
タイトル：ドラエもん
著者：
出版社：
出版年：

6
タイトル：
著者：
出版社：ショウガッカン
出版年：

5 演習問題　コンピュータ目録（1）　レコード構成

問い2 次の文章の空欄に当てはまる，もっとも適切な語句を，解答群から選んでしるせ。

　コンピュータ目録は，図書や雑誌の①＿＿＿＿＿＿をデータ値として集め，ローカルな所蔵事項を加えた，データベースである。通常のデータベースが，数列のパタンを手掛かりとして，1件分の②＿＿＿＿＿＿を取り出そうとするのに対し，コンピュータ目録では文字列のパタン，つまり「言葉」を手掛かりとする。

　「言葉」を扱うがゆえに，コンピュータ目録を高速に検索するためには，③＿＿＿＿ファイルが作成される。このファイルは，各レコードから検索の手掛かりとなる語句を抽出し，それらの語句がどのレコードに出現するのかを記録させている。③ファイルに格納されている，これらの語句は④＿＿＿＿＿＿と呼ばれる。

　日本語仕様のコンピュータ目録は，二つの特徴をもつ。「分かち書き」と「読み形」である。

　分かち書きには，二つの方法がある。音読時の息継ぎの箇所を目安に，内容的なまとまりで区切る⑤＿＿＿＿＿＿と，意味を担う最小の単位を取り出す⑥＿＿＿＿＿＿である。国立国会図書館のコンピュータ目録は，後者での処理がなされ，分かち書きでもって切り出された途中の語句も，OPACで探すときの⑦＿＿＿＿＿＿となる。参考までに，目の不自由な人のための点字の文章では，前者で分かち書きが施されている。

　読み形は，漢字かな混じりなどでしるされている資料の表示に対し，カタカナ表記などで「読み」をふって，検索時の手掛かりに加えている。表示形からも読み形からも，検索が可能になる。読み形は，必ずしも発音通りではなく，⑧＿＿＿＿＿＿＿＿でのルールに従っている。

> **解答群**　書誌事項，所蔵事項，転置，補助，追加，索引語，検索語，日本目録規則，基本件名標目表，自立語単位，文節単位，フィールド，レコード，ファイル

問い3 次の図書館員の対応で，根本的に不適切である点を指摘し，改善策を示せ。
公共図書館のカウンターで，年少の利用者に対応している場面を想定。

年 少 者「あの，ちょっと聞いても，いいですか」
図書館員「はい，はい。ボクは一人で来たのかな」
年 少 者「一人で来ました。あの，野口英世の伝記を読みたいのですが。細菌学者の」
図書館員「お母さんとは一緒じゃないのね。向こうに児童書コーナーが見えるでしょ。学習マンガで世界偉人伝というシリーズがあるはずだから，あちらで聞いてみて。道徳の教科書にも載ってる，野口英世のお母さんの話が読めるから」
年 少 者「赤ちゃんが遊んでいるほうですか」
図書館員「こちらは大人の本のエリアだから，大きくなったらまた来てね」

問い4 次の文章の空欄に当てはまる，もっとも適切な語句を，解答群から選んでしるせ。

　日本図書館協会は，図書館で働く人びとが集う職能団体である。略称は日図協（にっときょう），英文略称は①＿＿＿＿＿＿＿＿。公共図書館だけでなく，大学図書館・学校図書館・国立図書館・②＿＿＿＿＿＿＿＿という，五つの館種すべてが対象となっている。協会への加入は③＿＿＿＿＿＿で，会費が徴収される。協会は，会員のなかから代表者を選出して理事会を組織することにより，運営されている。

　協会は，所属する会員の専門的な技能を高めて社会的な待遇の向上をはかり，会員相互の交流にも尽力している。図書館活動の基本的理念を成文化した「図書館の自由に関する宣言」（1954年採択，1979年改訂）を発表し，『中小都市における公共図書館の運営（中小レポート）』（1963年）や『市民の図書館』（1970年）といった報告書をとりまとめた。図書館での三つの基本ツールであるＮＤＣ・ＮＣＲ・④＿＿＿＿＿＿を編纂しており，会報として月刊の『⑤＿＿＿＿＿＿＿＿』を発行し，年1回の全国図書館大会を始め，各種の講習会やセミナーも主催している。

　ちなみに，それぞれの国の図書館協会が集まって組織された，国際的な規模での職能団体が，国際図書館連盟であって，英文略称は⑥＿＿＿＿＿＿＿＿である。

解答群　JRA，JLA，NRA，SLA，BSH，IFLA，NDL，NII，自由参加，資格審査，会員推薦，みんなの図書館，図書館雑誌，図書館広場，専門図書館

6 コンピュータ目録(2) 検索戦略
マッチング, 例外規程, トランケーション, 論理演算

すでに述べたように（第2章 p.009参照），情報検索とは，情報要求に適ったデータベースのなかから，特定部分のデータを必要な情報として取り出すことです。それには，図書館などが検索に備えて蓄積したデータと，利用者が検索時に手掛かりとするデータとが合致しなければなりません。データベース構築側の用意した「言葉」（索引キーワード）と，利用者側が想定する「言葉」（検索キーワード）とを突き合わせて，両者の一致の有無を探るのです。そこには，マッチングの効率性を高めるための方法論が存在します。この章では，コンピュータ目録を検索するときの戦略を説明します。

6.1. キーワードの完全一致

【1】検索キーワードと索引キーワードとの突き合わせにさいしては，双方の文字列パタンが完全に一致していることが原則となります。漢字・ひらがな・カタカナ・ローマ字などで表記された文字列が，一字一句に至るまでまったく同一でなければなりません。

【2】同じ意味を持つ言葉で，発音は同じながらも，表記の仕方が異なるものが存在します。いわゆる「表記の揺れ」といわれているものです。次のようなケースですが，これらは異なる文字列と認識され，検索時に互いに一致することはありません。
　①漢字・カタカナ・ひらがな・ローマ字による表記の揺れ
　　　桜　サクラ　さくら　SAKURA
　②漢字の使用制限や異体字による表記の揺れ
　　　斉藤　斎藤　齊藤　齋藤
　③カタカナによる表記の揺れ
　　　インターフェース　インタフェース　インターフェイス　インタフェイス
　④送り仮名による表記の揺れ
　　　打ち合わせ　打ち合せ　打合わせ　打合せ　打合

表記の揺れ（同音で異表記の語）に対処する検索戦略は，二つあります。一つは，想定される表示形すべてをつないでOR検索をかけること（本章 p.050参照），もう一つは，同音であるところから読み形で検索すること（第5章 p.036参照）です。

【3】 検索キーワードと索引キーワードとの突き合わせは，完全一致が原則です。しかしながら，検索効率を高めるために異なる文字列のものを区別せずに同一視して，あえて「完全一致」とみなす措置があります。次のようなケースです。

①濁音や半濁音は，濁点や半濁点のない清音と区別せず「完全一致」とみなす

  サンガイ　⇔　サンカイ

  ハリ　⇔　バリ　⇔　パリ

②拗音の小がな［ゃ・ゅ・ょ・ゎ］，促音の小がな［っ］，外来語を表記する小がな［ァ・ィ・ゥ・ェ・ォ］は，普通の大きさの仮名1文字で表される直音と区別せず「完全一致」とみなす

  ぼっちゃん　⇔　ぼつちやん

  ウィンドウズ　⇔　ウインドウズ

③長音記号［ー］，中点記号［・］，かぎカッコ記号［「」］などの記号類は，これらを無視した表記と区別をせずに「完全一致」とみなす

  コンピューター　⇔　コンピュータ　⇔　コンピュタ

  ベスト・ヒット　⇔　ベストヒット

④ローマ字で，大文字と小文字を区別せずに「完全一致」とみなす

  ＪＡＰＡＮ　⇔　Ｊａｐａｎ　⇔　ｊａｐａｎ

⑤全角と半角は区別せずに「完全一致」とみなす

  ＣＡＰＴＥＲ　⇔　CHAPTER

  ０９０１２３　⇔　090123

⑥漢字で，新字体と旧字体は区別せず「完全一致」とみなす

  百万円　⇔　百萬圓

⑦ひらがなとカタカナは区別せずに「完全一致」とみなす

  ほっと　⇔　ホット

これらの例外規程は，すべてのコンピュータ目録が一律に採択しているわけではありません。ただ，それぞれに例外規程を設けて完全一致のしばりを緩め，キーワード同士のマッチングの幅を広げることが試みられているのです。

［注記］　完全一致の原則のもとで，例外規程をどの程度に設けるかは，コンピュータ目録の仕様によって異なります。

 たとえば，インド洋にある島国「Maldives」の表記が「モルディヴ」と「モルジブ」で揺れているとき，「ディ」と「ジ」を区別せず，「ヴ」と「ブ」についても区別しないとします。英語のVの音の例外規程は有用かもしれませんが，その一方，読み形の「シーディー」で，表示形の「CD」に加え「CG」も検索されてきてしまい，検索ノイズがいたずらに増加する結果となります。例外規程を設定する「さじ加減」が難しいところです。

6 コンピュータ目録（2）検索戦略　マッチング，例外規程，トランケーション，論理演算

6.2. 部分的な一致

【1】トランケーション
索引キーワードと検索キーワードの双方を比較して，ある部分だけが一致していれば，他の部分は同じでなくても一致したとみなす機能が案出されました。文字列パタンの部分的な一致があればヒットしたとみなす機能は，**トランケーション**（truncation, 切り捨てるとか，端折って縮めるなどの意味）と呼ばれます。次のような種類があります。

【2】前方一致のトランケーションは，キーワードを二つに分けたうちで，前段の文字列が一致しているものを検索します。英語では「right-hand truncation」といい，「右手側の語句を切り捨てて，残った部分を一致させる」という意味になっています。

　トランケーションを指示する記号はコンピュータ目録の仕様によって異なりますが，ここではアステリスク記号［＊］を用いることとします。この記号を用いた前方一致のトランケーションの場合，検索キーワード「計算機＊」に対しては，「**計算機**大事典」や「**計算機**理論」などの索引キーワードがヒットします。後段の位置に何の語句も無い「**計算機**」という言葉もヒットします。

【3】後方一致のトランケーションでは，後段の文字列が一致しているキーワードを検索します。英語は「left-hand truncation」。トランケーションを指示する記号に「＊」を用いると，検索キーワード「＊計算機」からは「汎用**計算機**」や「電子**計算機**」といった索引キーワードや，前段に何の語句もつかない「**計算機**」がヒットします。

【4】トランケーションには「中間一致」や「前後一致」という種類もあります。
　中間一致のトランケーションは，たとえば，検索キーワードで「＊情報＊」と指定すると「防災**情報**システム」を始め「防災**情報**」「**情報**システム」「**情報**」といった索引キーワードがヒットします。前方一致と後方一致の検索結果が一緒に含まれるのです。
　前後一致のトランケーション（両端一致あるいは中間任意ともいう）は，たとえば，検索キーワードで「情報＊システム」と指定すると「**情報**選択管理**システム**」「**情報**検索**システム**」「**情報システム**」などの索引キーワードがヒットするものです。

【5】トランケーションをまったく排除し，入力した文字列そのものと完全に同一な表現のみを検索する機能もあります。**完全一致**の機能です。たとえば，文字列の前後を斜線記号で挟んで完全一致を指示するとすれば，検索キーワードの「／計算機／」に対しては，その表記の文字列のみの索引キーワード，つまり「**計算機**」だけをヒットさせます。

6.3. 組み合わせでの一致

【1】論理演算

キーワード単独ではなく，複数のキーワードを組み合わせながら，それらの文字列パタンが一致しているかどうかを検証できる機能があります。それが，**論理演算**（logical operation）です。

　論理演算は，データのあいだの論理的なつながりを条件にして一致を見出すものです。イギリスの数学者・ジョージ＝ブール（George Boole）が，論理学を記号化してまとめたところから「ブール演算」とも呼ばれます。

　論理演算には「論理積」「論理和」「論理差」があり，それぞれが検索機能として「AND検索」「OR検索」「NOT検索」と対応しています。論理演算を行なうために指定する演算記号のことは「論理演算子」「ブール演算子」などと呼びます。

　論理演算におけるデータ集合の関係性をビジュアル化したものが「ベン図」であって，イギリスの数学者・ジョン＝ベン（John Venn）により考案されました。

【2】ＡＮＤ検索は，集合Ａと集合Ｂに共通する要素だけからなる集合をつくる論理演算「論理積」の援用で，複数のキーワードの**すべて含む**ものを検索対象とします。

　たとえば，「図書館における蔵書管理」というテーマを検索したい場合，「図書館」という検索キーワードを含む集合Ａと，「蔵書管理」という検索キーワードを含む集合Ｂを，まず作ります。論理積の演算記号を「ＡＮＤ」と設定すれば，検索式は「図書館　ＡＮＤ　蔵書管理」となり，双方の集合のあいだで，キーワードの「図書館」と「蔵書管理」がともに存在する共通部分（下記のベン図におけるグレイの色の部分）が取り出されます。

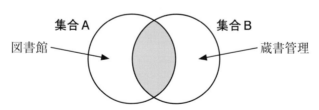

ＡＮＤ検索は，条件を加えて絞り込みたいときに使われます。キーワードを追加していくと，検索結果はしだいに絞り込まれます。ただし，当初が複合語の場合には，複合語を分解してＡＮＤ検索にすればするほど，ヒット件数はいたずらに増えていきます。

　　　　工業排水設備
　　　　工業排水　ＡＮＤ　設備
　　　　工業　ＡＮＤ　排水　ＡＮＤ　設備

6 コンピュータ目録（2）検索戦略　マッチング,例外規程,トランケーション,論理演算

【3】OR検索は，集合Aと集合Bの要素のすべてを含む集合をつくる論理演算「論理和」の援用で，複数のキーワードの少なくともいずれか一つを含むものを検索対象とします。

たとえば，「コンピュータ」をキーワードに検索したいときに，同義語の「電子計算機」とともに論理和をとり，両者のいずれかを含むものを，もれなくヒットさせます。論理和の演算記号を「OR」とすれば，検索式は「コンピュータ　OR　電子計算機」です。下記のベン図におけるグレイの色の部分がすべて取り出されることになります。

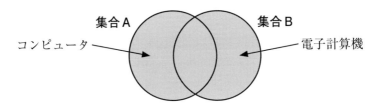

あるいは，「コンピュータ」という言葉に，長音記号のあるなしで「表記の揺れ」が存在する場合に，「コンピュータ」と「コンピューター」でOR検索をかけます。OR検索は，同義語や表記の揺れなどに対処して，検索漏れを少なくしたい場合に用いられます。

【4】NOT検索は，ある集合のなかから，特定の要素を除外することで新たな集合をつくる論理演算「論理差」の援用です。あるキーワードを含む集合から，NOT検索の演算記号で導かれる特定キーワードの集合を，取り除きます。

たとえば「版画」をキーワードに検索したいのですが，「木版画」は不要な場合に，前者の条件は満たしながら，後者の条件については除外したいケースで用います。論理差の演算記号を「NOT」とすれば，検索式は「版画　NOT　木版画」です。このとき「版画」と「木版画」の両方を含む共通部分も排除されてしまうことに，要注意です。つまり，下記のベン図におけるグレイの色の部分が取り出されるのです。

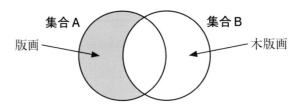

NOT検索では，取り除くほうのキーワードを上位概念にしてはなりません。上記の事例で「木版画　NOT　版画」と指定してしまっては，検索漏れが甚大なものになります。

【5】複数の論理演算を織り交ぜて検索式を作成することもできます。論理演算には優先順位があって，「NOT検索 → AND検索 → OR検索」の順で処理されます。特定の演算を優先させたいときは，丸カッコ記号を使ってくくります。

6.4. 位置関係での一致

【1】近接演算

近接演算（proximity operation）は，キーワード同士の位置関係に着目し，その両者のあいだでの出現順序や距離間隔を指定する操作です。キーワード同士の距離間隔でいえば，近接しているほうが意味上での関連性はより高いと想定されるので，AND検索をさらに絞り込む機能をもつものです。

　この近接演算は，当初から「分かち書き」で表記される英語などの欧文で有効であって，文字が膠着（こうちゃく）した状態で表記される「ベタ書き」の日本語には，あまり馴染みません。近接演算には，次のような種類があります。

【1a】第一は「正順関係の指定」です。一つのキーワードの直後に，もう一つのキーワードが続くことを指定します。正順関係を指定する近接演算の記号を「ＷＩＴＨ」とすれば，検索式で「white　ＷＩＴＨ　paper」とは，「white」というキーワードの真後ろに「paper」の文字列が続くことを指定しています。したがって「white paper」を検索してくるのですが，逆順である「paper white」にはヒットしません。

【1b】第二は「隣接関係の指定」です。二つのキーワードが隣り合ってさえいれば，語順は正順でも逆順でもかまいません。隣接関係を指定する近接演算の記号を「ＮＥＡＲ」とすれば，検索式の「circuit　ＮＥＡＲ　training」では，「circuit training」と「training circuit」をともに検索してきます。

　正順関係・隣接関係の指定とも，「２ＷＩＴＨ」「３ＮＥＡＲ」のように，記号の前に数字を入れることにより，あいだに２語以内の単語が入って正順，３語以内の単語が入って隣接などと，あいだに入る単語数を設定できるコンピュータ目録もあります。

【1c】近接演算ではさらに，指定した二つのキーワードが同一の文のなかに含まれていれば，いくら離れていても検索してくる「同一文中の指定」や，タイトルのフィールド内や著者名のフィールド内に，該当する二つのキーワードがあれば検索される「同一フィールドの指定」があります。

【2】フレーズ検索（フレーズ一致検索）は，「library and information science」のように，複数の単語が一定の順序で連なって成句（phrase）となっているものを検索します。指定方法を，たとえば［"library and information science"］と引用符記号で挟むとすれば，その文字列の全体をあたかも一つの単語のようにみなして検索するのです。

6 コンピュータ目録（2）検索戦略　マッチング, 例外規程, トランケーション, 論理演算

このフレーズ検索は，近接演算の正順指定と（単語の数が二つであれば）同じ働きをしていることに，要注意です。また，先に述べた（本章 p.048参照）完全一致の検索機能は，単語単位での同一性をみるものですが，フレーズ検索は（複数の単語からなる）成句における同一性を検索しています。ただ，「ベタ書き」で表記される日本語では，完全一致とフレーズ検索の意味合いは重なるのですが，完全一致は短い文字列のもの，フレーズ検索は長文のものが対象と区別することもできます。

【3】比較演算

比較演算（comparative operation）は，入力した数値の大小を比較する演算機能です。年月日や金額などの数値データを対象に，ある値以上のもの，ある値以下のもの，または値Aと値Bのあいだに存在するもののように，特定の範囲を定めて検索します。

　コンピュータ目録での比較演算は，出版年の絞り込みに用いられます。たとえば，出版年の指定が「［　　　］年以降［　　　］年まで」となっている場合，ここに「［1995］年以降［2005］年まで」と入力すれば，出版年のデータが1995以上で2005以下の値をもつものを検索します。

　1995年以降のものをすべて検索したければ後段の欄を空白とし，2005年以前のものすべてであれば，逆に前段の欄を空白にします。

　また，2000年に出版されたものを検索したいときは，「［2000］年以降［2000］年まで」と双方の欄に「2000」を入力します。

　次の第7章では，検索戦略をさらに進めて，資料のもつ主題からの検索方法を取り上げます。

■

6 演習問題 コンピュータ目録（2）検索戦略

問い1 下記は，コンピュータ目録の1件のレコードを図示したものである。このレコードにヒットさせるための適切な判断をすべて選び，冒頭の数字を○印で囲め。ただし，キーワードは濁音と清音を区別しない，長音記号の有無を区別しないという例外規程を設けた仕様とする。また，△印は空白を意味する。

フィールド	データ値
レコード番号	9123
タイトル（表示形） タイトル（読み形）	鉱石△ラヂオ△NO1 コウセキ△ラジオ△ナンバーワン
著者（表示形） 著者（読み形）	南野△知恵子 ノオノ△チエコ
出版社	アサヒ出版
出版年	2000

1. 検索画面で，キーワード入力用のタイトル欄の窓枠に「鉱石ラヂオナンバーワン」と入力する。
2. 検索画面で，キーワード入力用のタイトル欄の窓枠に「コオセキラシオナンハワン」と入力する。
3. 論理積を示す演算子を「AND」とすると，キーワード入力用のタイトル欄に「コウセキ　AND　ナンハワン」と入力する。
4. 論理和を指示する演算子を「OR」とすると，キーワード入力用の著者の欄に「ミナミノチエコ　OR　ナンノチエコ」と入力する。
5. まず，キーワード入力用の窓枠にあるタイトル欄に「鉱石」，次に，著者の欄には「南野」とそれぞれ入力して，両者の論理積をとる。

6 演習問題　コンピュータ目録（2）検索戦略

問い2　下記のベン図について，検索式に該当する資料を，標題末尾のローマ字で示せ。なお，演算子は，論理積をand，論理和をor，論理差をnotとし，丸カッコ記号でくくられている場合は，そのカッコ内の検索条件が優先的に実行されるものとする。

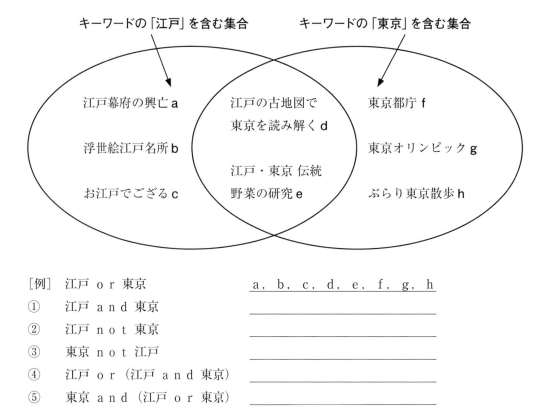

[例]　江戸 or 東京　　　　　　　　a，b，c，d，e，f，g，h
① 　江戸 and 東京　　　　　　　_____
② 　江戸 not 東京　　　　　　　_____
③ 　東京 not 江戸　　　　　　　_____
④ 　江戸 or（江戸 and 東京）　_____
⑤ 　東京 and（江戸 or 東京）　_____

問い3　選択肢のなかで正しいほうを選び，冒頭のローマ字を○印で囲め。

1．図書館における情報サービスに関する資料を，OPACから検索したいとき，検索式は［a．図書館 and 情報サービス，b．図書館 or 情報サービス］とする。
2．検索質問が，ボサノバ以外のブラジル音楽についてであれば，検索式は［a．ボサノバ not ブラジル音楽，b．ブラジル音楽 not ボサノバ］とする。
3．検索したい資料のタイトルが「タバコの煙」か「煙草のけむり」なのかが分からないときは［a．表示形，b．読み形］で検索すればよい。
4．病院について読み形で検索をかけたとき，美容院に関するものも検索されてきたのは［a．拗音と直音，b．濁音と清音］を区別しない例外規程を設けているからだ。
5．鈴木一郎の書いた論文のなかから，山田太郎との共著を除いた論文を検索したいとき検索式は［a．鈴木一郎 not 山田太郎，b．山田太郎 not 鈴木一郎］。

問い4 下記のデータベースについて該当する記述を右側から選び、●印同士を直線で結べ。

Embase ●
（エンベース）

ERIC ●
（エリック）

BL On Demand ●
（ビーエル=オンデマンド）

tsr-van 2 ●
（ティーエスアール=バンツー）

Ulrichs web ●
（ウーリッヒ=ウェブ）

● アメリカ教育省の教育情報資源センターが製作する、教育学分野の書誌データベース。雑誌論文やテクニカル=レポートなどの情報を収録している。

● 英国図書館所蔵の学術雑誌や会議録を対象としたドキュメント=デリバリ=サービス。日本の代理店を通して、個人でも申し込める。

● 世界中で出版されている雑誌のデータベース。出版社のサイトを参照でき、全文情報や引用情報へのリンクも張られている。

● エルゼビア社提供の、医薬品分野の書誌データベース。米国立医学図書館作成のMEDLINE（メドライン）の情報も包含し、Emtree（イーエムツリー）というシソーラスが用意されている。

● 東京商工リサーチ社が提供する、企業情報のデータベース。財務情報や人事情報、倒産関連情報などを検索・閲覧できる。

問い5 検索戦略に関する記述で、正しいものをすべて選び、冒頭の数字を○印で囲め。ただし、記号「＊」は、「0文字以上何文字でもいい任意の文字」を表すものとする。

1 「＊system」というように指定する検索を、前方一致のトランケーションといい、文字列の部分的な一致があればヒットしたとみなす。

2 「archiv＊」と検索してヒットしたものに「archive」「archives」「archiving」のキーワードをもつ資料があった。

3 「＊search＊」と指定した検索は、「＊search」と指定した検索よりも、ヒットする件数は、少ない。

4 フレーズ検索で"information system"の指定は、近接演算で「information」と「system」の隣接関係を指定することと、同じ検索結果がえられる。

5 「New York」についての情報は、論理演算で「New」と「York」のAND検索より、近接演算で「New」と「York」の正順関係を指定するほうが、検索ノイズは少ない。

■

7 コンピュータ目録（3）主題検索

件名標目表，適合率と再現率，
主な検索サイト

7.1. 主題に関する事項

【1】**主題**（subject）とは，資料のもつ中心的なテーマのことです。資料が「何々について」しるされていると集約できるのならば，その「何々」の部分に相当します。いわば，著者がもっとも訴えたい案件です。

主題を表現しているデータのことを，本書では「主題に関する事項」と呼ぶこととします。コンピュータ目録では（図書館目録にならって）主題に関する事項がデータ項目として設定されて，フィールドを形成しています。

主題に関する事項を設定することで，書誌事項のみならず，その資料の主題からも検索をかけることができます。書誌事項だけを手掛かりにすると検索漏れをおこしてしまう資料を，検索ノイズは拾わずに探し出すことが可能となるのです。

主題に関する事項を設定するには，まず，資料に対峙して主題を明らかにし（主題分析），分析結果をひとまずキーワード（第9章 p.084参照）として表現します。キーワードは，主題を的確に表現している言葉です。そのうえで，このキーワードを統制語彙表と呼ぶ辞書相当のツールを使って，主題に関する事項へと置き換えるのです。

図書館目録における主題に関する事項は，二つあります。件名と分類記号です。

【1a】主題を，言葉で表現したものが，**件名**（subject term）です。キーワードから件名への置き換えに要する統制語彙表には「件名標目表」を使います。日本の標準的な件名標目表は『基本件名標目表』で，本章第2節で概要を説明しています。

件名を使った主題検索は，いわばピンポイント検索です。該当する資料そのものを目指して，たとえば「カルタ取り」のように，ダイレクトに探し当てます。

【1b】主題を，記号で表現したものが，**分類記号**（classification code）です。統制語彙表には「分類表」を用い，『日本十進分類法』が日本での標準です。

分類記号を使った主題検索は，階層性が強みです。大きなカテゴリから次第にテーマを絞り込んでいくことで，特定性の高い主題を見出していきます。広域から始めてだんだんに縮尺比を小さくし，街路名から番地へとたどる「地図」の探索と似ています。

【2】主題を言葉で表現したものに，もう一つ，**ディスクリプタ**（descriptor）がありま す。ディスクリプタは，**シソーラス**（thesaurus）と呼ぶ統制語彙表を使って，キーワー ドから置き換えられます。件名とディスクリプタには，次のような相違があります。

【2a】件名は，件名標目表で付与され，図書館での資料探索に伝統的に用いられてきま した。主題の対象分野は知識全般を広くカバーしており，件名標目表は冊子体にまとめら れています。複数の主題に対しては，主題同士の組み合わせがあらかじめ決められている 「事前結合」です。たとえば「フランス料理」という主題に対する件名は，「料理（西洋） ― フランス」というかたちに最初から組み立てられています。

【1b】ディスクリプタは，統制語彙表のシソーラスで付与されます。情報関連機関での， データベースを駆使する情報検索で用いられます。主題の対象分野は限定的で，科学技 術・医学薬学・教育などの個別分野で，各々にシソーラスが作成されています。デジタル 化されていて，ネット上での参照が主流です。複数主題に対しては，それぞれにディスク リプタが設定されており，検索時にそれらを組み合わせる「事後結合」です。たとえば 「フランス料理」では，「フランス」と「料理」とがディスクリプタとなっているので，論 理演算（第6章 p.049参照）の組み合わせで，そのつど結合させて検索をかけます。

【3】シソーラスという言葉は，「宝の小箱」を意味するギリシア語に由来します。その 初出は，イギリスの医師・ピーター＝ロジェ（Peter M. Roget）が編纂した『Thesaurus of English words and phrases, classified and arranged so as to facilitate the expression of ideas and assist in literary composition』という，1852年初版の辞典でした。医師と してのロジェは網膜の残像の研究で有名ですが，趣味の詩作で頭韻や脚韻を効率的に作れ ないかという思いから，シソーラスを発想しました。

【3a】国語辞典は，言葉を音順で配列し，その言葉の意味を見出す働きをもっています。 これに対して，ロジェのシソーラスは「意味」のほうを体系化して配列し，その「意味」 を表現している言葉を見出そうとしたのです。こんにちでいうところの，類語辞典でし た。見出し項目は，「意味」を特定のキーワードに代表させて，配列します。

コンピュータ目録（3）主題検索　件名標目表, 適合率と再現率, 主な検索サイト

【3 b】ところが，第二次世界大戦後になると，シソーラスという言葉はディスクリプタを導く統制語彙表という意味合いに変化します。ロジェのシソーラスとは正反対に，言葉の使用に制限枠をはめることを目的とするようになったのです。

ロジェのシソーラス（＝類語辞典）

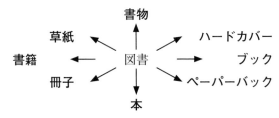

統制語彙表としてのシソーラス

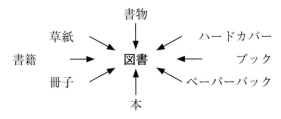

ロジェのシソーラス（＝類語辞典）と，統制語彙表としてのシソーラスとでは，その働きが正反対なことに，要注意です。

【4】主題分析の結果のキーワードが，統制語彙表で置き換えられることなく，そのまま資料探索や情報検索で用いられることがあります。これをとくに，**自然語**（free term）と呼びますが，その場合に統制語彙表を使って置き換えた件名やディスクリプタは，**統制語**（controlled term）と呼ばれて区別されます。統制語と自然語は，統制語彙表を使うか使わないかによる区分です。

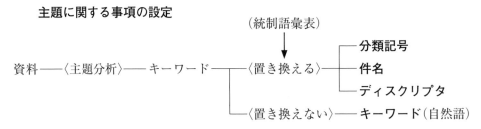

統制語は，統制語彙表を使って，同義語や類語に一定の枠をはめた（置き換えを行なった）キーワードであって，件名とディスクリプタが該当します。分類記号は「言葉」ではないので，狭義では統制語に含めません。

自然語は，統制語彙表を用いずに捻出したキーワードです。図書館員や著者といった人間の判断により，主題分析の結果として生み出されます。全文検索（第12章 p.107参照）

の技術によってコンピュータから自動的に抽出される場合もあります。次節では，統制語彙表の仕組みを，『基本件名標目表』を事例として考察します。

7.2. 『基本件名標目表』

【1】日本の標準的な件名標目表は，『基本件名標目表（Basic Subject Headings）』第4版（日本図書館協会，1999年）です。英文略称は，BSH。本体と別冊の2分冊で構成されており，別冊の内容は「分類記号順 標目表」と「階層構造 標目表」です。

「分類記号順 標目表」は，分類記号順に配列した件名の一覧表です。分類記号と件名との関連性を示し，一つの主題を分類記号からも件名からも探索できるように計ったものです。「階層構造 標目表」は，最上位の件名を見出し項目に置き，そこからの階層性が中点記号［・］の数で示されています。中点記号が多いほど下位の概念をもつ件名ですが，最大6階層までに限定されています。件名の弱点である階層性を補うのが目的です。

【1a】『基本件名標目表』の機能は，同義語・類語を統制して，件名を決めることです。

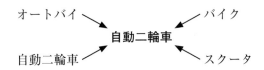

件名の設定により，求めたい資料を主題から的確に探すことができます。

タイトル	キーワード（自然語）	件名（統制語）
『オートバイ』*	オートバイ	小説（フランス）
『ちょい乗りスクータ』	スクータ	自動二輪車
『初めてのバイク』	バイク	自動二輪車
『風とともに走る』**	風	自動二輪車

＊フランスの小説家・アンドレ＝ピエール＝ド＝マンディアルグの作品，＊＊オートバイ走行の研究書

【2】件名は，BSHではゴシック体で表示されています。「件名として不採用の言葉」は明朝体での表記です。件名の読みがカタカナ表記で示され，先頭に置かれています。

件名の肩付きのアスタリスク記号［＊］は，第3版からの継続を示します。イタリック体は，日本十進分類法での該当する分類記号で，⑧はNDC 8版，⑨は同9版です。

なお「件名標目（subject headings）」は，目録の見出し項目に掲げられた件名，という意味です。「標目」は，カード目録における見出し項目のことですが，件名に採択された言葉はそのまま標目となるゆえ，「件名」と「件名標目」は同義で用いられています。

【2a】件名は，UF記号と矢印記号で統制

UF記号の前にあるのが件名で，後ろは「件名として不採用の言葉」です。UF記号は「Used For」の略語で「以下の代わりに（前にある言葉を）使いなさい」の意味です。下記（左側）の事例では，「紀要」の代わりに「雑誌」を件名として使うことになります。

→（矢印）記号は，その後段が件名です。「矢印以下を件名として使いなさい」という指示です。下記（右側）の事例は，「雑草」ではなく「野草」を件名として使います。

```
雑誌                    雑草
  UF：紀要               →野草
```

【2b】件名同士の階層性は，BT記号とNT記号で指示

BT記号は，「Broader Term」の略語で，上位語を示します。当該件名と比べて概念のより広い件名の存在を指示しているのです。反対にNT記号は「Narrower Term」の略語で，当該件名よりも概念の狭い下位語の存在を指示しています。

下記（左側）の事例は，「雑誌」という件名について，その上位語に当たる件名に「逐次刊行物」があり，より概念の狭い下位語には「コミック誌」があることを示しています。

```
雑誌                           雑誌
  BT：逐次刊行物                  TT：図書館資料 184
  NT：コミック誌                       マス コミュニケーション 224
```

TT記号は，「Top Term」の略語で，階層構造の最上位にある件名（最上位語）を示します。末尾の数字は，BSHで248語ある最上位語を五十音順に並べたときの，配列順です。最上位語は，主題の全体を最初に区分したカテゴリで，日本十進分類法での第一次区分（類）に相当します。ちなみに，件名「雑誌」は二つの最上位語の系統に属します。

【2c】件名同士の関連性は，RT記号で指示

RT記号は，「Related Term」の略語で，関連語を意味します。当該件名と何らかの関連性が認められる件名の存在を指示しているのです。下記の事例では，件名の「雑誌」について，その関連語には「ジャーナリズム」という件名があることを示しています。

```
雑誌
  RT：ジャーナリズム
```

『基本件名標目表』第4版（部分）

サッキンザイ	**殺菌剤** ⑧499.1 ; 574 ⑨499.1 ; 574	
	TT：衛生 15. 化学薬品 31. 薬学 233	
	BT：医薬品. 殺菌	
サックホウ	作句法 → **俳句―作法**	
ザッシ	《雑誌》	
	雑誌および雑誌に関する著作には、次の件名標目をあたえる。	
	（1）雑誌一般に関する著作には、**雑誌**の件名標目をあたえる。	
	（2）総合雑誌には、**雑誌**の件名標目をあたえる。	
	（3）特定の分野・主題に関する雑誌、およびそれに関する著作には、その分野・主題を表す件名標目のもとに、**―雑誌**を一般細目としてあたえる。	
	（4）雑誌の目録には、**雑誌―書誌**の件名標目をあたえる。	
	（5）図書館の雑誌所蔵目録には、**図書目録（図書館）**の件名標目をあたえる。	
	（6）雑誌記事索引には、**雑誌―索引**の件名標目をあたえる。	
ザッシ	[雑誌] <一般細目>	
	特定主題に関する雑誌・紀要に対して、その主題を表す件名標目のもとに、一般細目として用いる。（例：映画―雑誌）	
ザッシ	**雑誌*** ⑧014.75 ; 050 ⑨014.75 ; 050	
	SN：この件名標目は、雑誌に関する著作および総合雑誌にあたえる。	
	UF：紀要	
	TT：図書館資料 184. マス　コミュニケーション 224	
	BT：逐次刊行物. マス　コミュニケーション	
	NT：コミック誌. 週刊誌. タウン誌	
	RT：ジャーナリズム	
	SA：各主題、分野のもとの細目**―雑誌**をも見よ。（例：映画―雑誌）	
―サクイン	**雑誌―索引*** ⑧027.5 ⑨027.5	
	SN：この件名標目は、一般の雑誌記事索引にあたえる。	
	UF：記事索引. 雑誌記事索引	
	SA：各主題、分野のもとの細目**―書誌**をも見よ。（例：化学―書誌）	
ザッシキジサ	雑誌記事索引 → **雑誌―索引**	
ザッシヘンシ	**雑誌編集** ⑧021.4 ⑨021.4	
	TT：情報産業 122	
	BT：編集	
サツジン	**殺人*** ⑧326.23 ; 368.6 ; 498.95 ⑨326.23 ; 368.61 ; 498.95	
	TT：刑法 68. 社会問題 111	
	BT：犯罪	
ザッソウ	雑草 → **野草**	
サッチュウザ	**殺虫剤*** ⑧498.69 ; 615.87 ⑨498.69 ; 615.87	
	TT：化学薬品 31. 農学 196	
	BT：農薬	

7 コンピュータ目録（3）主題検索　件名標目表，適合率と再現率，主な検索サイト

【2d】その他，BSHには注記が配置されています。SA記号は，「See Also」の略語で，「をも見よ参照」です。当該件名の概念に含まれる，具体的な事例が案内されています。SN記号は，「Scope Note」の略語で，限定注記です。当該件名の意味範囲を限定し，その使い方を指示しています。二重の山形カッコ記号を使って，件名を［　<<雑誌>>　］のように挟んだ注記があります。件名の取り扱い方をしるした説明注記です。

【3】BSHでの件名の表現は，常用語が優先です。多くの人に使われている言葉が件名として採択されています。品詞としては，名詞が主体です。形式を示す言葉，たとえば「人名辞典」「世界地図」「年鑑」「法令集」なども，件名として採択されています。

　複数の主題を，「と」の文字や中点記号で連結している件名もあります。「宗教と科学」「文学と政治」のように，双方の比較や影響を示すものや，「接ぎ木・さし木」「折紙・切紙」のように，一緒に論じられることが多いものが連結されています。

　後段の丸カッコ記号は，前段の件名の意味を限定する働きです。たとえば，「小説（ドイツ）」「小説（日本）」，あるいは「価値（経済学）」「価値（哲学）」というように，です。

　固有名詞（人名，地名，作品名など）は，一部例外を除き，件名には採択されていません。採択されてはいませんが，固有名詞はそのまま件名として用いることができます。

【3a】件名細目

件名細目は，一つの件名だけでは主題を十分に表現できないときに，それを補うために追加する補助的な件名のことです。主となる件名とダッシュ記号［―］で結んで表示します。七つの種類があり，それらは，①一般細目，②分野ごとの共通細目，③言語細目，④地名のもとの主題細目，⑤地名細目，⑥時代細目，⑦特殊細目，です。件名細目は，角カッコ記号で提示され，その種別は山形カッコ記号で示されています。

```
　　　　［雑誌］　<一般細目>
```

上記の事例にみるように，「雑誌」という言葉は，件名であると同時に，件名細目としても「映画―雑誌」のように用いることができます。件名細目はまた，「日本美術―歴史―桃山時代」のように，必要に応じて複数を付けることも可能です。

【4】件名は，資料がもつ主題の数だけ与えることができ，主題の特定が困難であれば，あえて与えません。新しい主題に対する件名は，利用者に周知徹底させることを条件に，それぞれの図書館で独自に追加することができます。なお，利用者は，図書館が用いたものとまったく同一の件名標目表を使って検索をかけなければなりません。件名標目表の種類や改訂などによって，採択されている件名に異同があるからです。

7.3. 検索結果の評価

【1】書誌事項を手掛かりとするにせよ，主題からの検索にせよ，検索結果については精査が必要です。必要な情報が検索されずに抜け落ちてしまう検索漏れと，不必要な情報が検索されてきてしまう検索ノイズの割合によって，その評価を下すことが行なわれます。検索結果の評価の指標には，適合率と再現率があります。

適合率（precision ratio，**精度** -relevance ratio-ともいう）は，実際に検索された情報のうち，利用者の情報要求に合致している適合情報が，どれだけ含まれているかを示す割合です。

再現率（recall ratio）は，検索対象のなかに存在するはずの，すべての適合情報のうち，実際にはどれだけが検索されたのかを示す割合です。ただし「すべての適合情報」というのは現実的には計量不可能なので，再現率は理論上の概念です。

【2】下記の図で，適合率と再現率を説明します。まず前提として，検索対象となる文献の集合（A＋B＋C＋D）があります。ここには，利用者の情報要求に合致した適合情報の集合（A＋B）と，利用者の要求には合致しない不適合な情報の集合（C＋D）が存在しているものとします。

この文献集合に対して検索をかけると，実際に検索された文献の集合（A＋C）と，検索されない文献の集合（B＋D）とに分かれます。このとき，Aは「検索された・適合の情報」です。そして，Cは「検索された・不適合の情報」，すなわち検索ノイズであり，Bは「検索されなかった・適合の情報」，すなわち検索漏れです。Dは「検索されなかった・不適合の情報」となります。

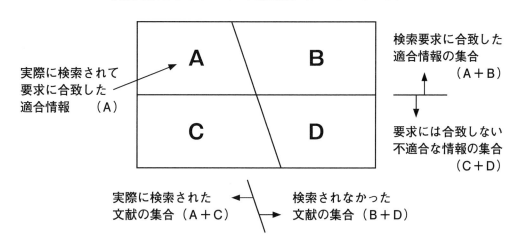

7 コンピュータ目録（3）主題検索　件名標目表, 適合率と再現率, 主な検索サイト

【3】この場合に，適合率と再現率は次の式で求めることができます。

$$\text{適合率} = \frac{A}{A+C} \times 100 \qquad \text{再現率} = \frac{A}{A+B} \times 100$$

【3a】次の例題を解いてみます。

　　あるキーワードでデータベースを検索したところ，実際に検索されてきて，利用者の要求に合致した適合情報は28件だった。検索されたすべての情報は70件，すべての適合情報は140件である。適合率（精度）と，再現率とを求めよ。

所与の件数を前ページの図に当てはめて，計算式により適合率と再現率を求めます。
　　「実際に検索されてきて，利用者の要求に合致した適合情報（A）」28件
　　「検索されたすべての情報（A＋C）」70件
　　「すべての適合情報（A＋B）」140件
適合率（精度）は（28／70）×100＝40（％），再現率は（28／140）×100＝20（％）。

【4】適合率と再現率は，トレードオフ（trade-off）の関係にあります。一方を満たそうとすれば，他方を犠牲とせざるをえないという，二律背反の状態です。検索ノイズを低減させて適合率を高めようとすると，検索漏れが膨張します。その一方で，検索漏れを防止して再現率を上げようとすると，検索ノイズが増えてしまうのです。「あちら立てればこちらが立たず」という状況なのです。

7.4. 無償で利用のできる，主な検索サイト

【1】ＮＤＬ ONLINE
ＮＤＬ ONLINE（国立国会図書館オンライン）は，国立国会図書館（NDL）の所蔵する，和洋の図書・雑誌・新聞などを対象とした蔵書目録データベースです。同館は，納本制度のもとで全国書誌であるJAPAN/MARCを自館作成しています。そのJAPAN/MARCが一般公開されたのが，NDL ONLINEです。読み形の表記や分かち書きの区切り位置なども確認することができます。

　ＮＤＬ雑誌記事索引は，論文・記事を対象とする雑誌記事索引（第11章 p.100参照）のデータベースです。1948年6月の開館以来，国立国会図書館が収集してきた国内刊行物のうち，学術雑誌・専門誌・団体機関誌・一般総合誌などから一定の基準を満たした掲載記事を抽出して作成されており，このNDL ONLINEのなかで公開されています。

【2】NDL Search

NDL Search（国立国会図書館サーチ）は，国立国会図書館の蔵書を始め，全国の主だった公共図書館の蔵書，それに博物館や文書館といった学術研究機関のコレクションについても，横断して統合的に検索することのできる総合目録データベースです。**国立国会図書館デジタルコレクション**など，デジタル化されたアーカイブズ資料へのアクセスも容易になりました。NDL ONLINEのデータに加えて，日本全土のさまざまな機関がもつ，多様な領域のコンテンツを集約して検索でき，可能な限り入手手段まで案内することを目指した，国立国会図書館の情報基盤事業となっています。

参考までに，公共図書館の85％以上は，TRC（ティーアールシー，株式会社 図書館流通センター）の作成する**TRC MARC**をコンピュータ目録として採用しています。TRCは，（こんにちでは日販を一次取次とする）図書館専門の二次取次です。公共図書館に向けて，書影や内容紹介も掲載された選書カタログ『週刊 新刊全点案内』（毎週火曜日発行）を配布。オンラインで注文を受け付けると，装備を施して出荷するとともに，図書館別のローカル＝データを付け加えたTRC MARCを，OPAC用としてダウンロードできるようにしているのです。

【3】CiNii Books

CiNii Books（サイニイ＝ブックス）は，大学共同利用機関法人で情報・システム研究機構の国立情報学研究所（NII）を中核とし，全国の大学図書館を結んだコンピュータ＝ネットワークのなかで生成される，書籍・雑誌の総合目録データベースです。

図書館内での業務用システムの名称は，**NACSIS-CAT**（ナクシス＝キャット）で，ネットワークに参画する大学図書館が分担目録作業を行なっています。NACSIS-CATに（他館が既に作成した）書誌データがあればコピーし，ローカルな所蔵事項を加えて自館のコンピュータ目録とします。データが無ければ，JAPAN/MARCやTRC MARCなどのデータを流用して書誌データを作成します。これらの参照先にも無ければ，改めて一から書誌データを作成してNACSIS-CATにアップロードします。

このNACSIS-CATのデータがインターネット上に一般公開されたのが，CiNii Booksです。国内の大学図書館が所有する図書と雑誌本体とを検索でき，それらの所蔵館を特定することができます。

【4】Amazon.co.jp

Amazon.co.jpは，Amazon.comの日本法人であるアマゾン＝ジャパン合同会社が運営する，ネット通販のサイトです。ここでは，原点である書籍販売を始め，音楽・ゲーム・家電・食品・玩具・ファッション・健康美容など実に多彩な商品を扱っていますが，オンライン書店としての出版物情報には，「BOOK」データベースを採択しています。

7 コンピュータ目録（3）主題検索　件名標目表、適合率と再現率、主な検索サイト

「BOOK」データベースは、日外アソシエーツ株式会社が紀伊國屋書店・トーハン・日本出版販売とともに構築する、書籍の書誌データベースです。基本的な書誌情報に加えて、書影・内容紹介・著者略歴・目次などの情報も提供されています。

【5】J-STAGE

J-STAGE（ジェイ＝ステージ）は、国立研究開発法人の科学技術振興機構（JST）が運営する学術論文のデータベース（雑誌記事索引データベース）です。科学技術情報関係の論文について、当該論文と掲載誌との書誌データを収録しています。多くの論文は、PDFまたはHTMLの形式で全文を閲覧することもできます。ジャパン＝リンク＝センター（第13章 p.123参照）との連携により、海外の電子ジャーナルのサイトにある論文とも相互にリンクされており、引用・被引用の事実も分かるようになっています。

J-STAGEは、国内の学協会（学会と専門団体）が発行する電子ジャーナルを集めて無料公開する、情報基盤事業としてスタートしました。ほどなく、医学理工系の学術雑誌で紙媒体のバックナンバーを電子化し公開する支援サービスも加わりました。さらに、国立情報学研究所が人文社会系および理工系の学術雑誌について行なってきた、論文のデジタル化と公開支援のサービス（NII-ELS）も、J-STAGEへと移管されています。

参考までに、科学技術振興機構は、科学技術や医学関連の分野を対象とする雑誌記事索引データベースを有償で運営していましたが、政府による事業仕分けの一環として民間に移管されることになりました。公募の結果、株式会社ジー＝サーチに継承されることとなり、2013年から**JDreamⅢ**（ジェイドリーム＝スリー）の名称でスタートしています。抄録（第9章 p.079参照）を付加しているのが、このJDreamⅢの特徴です。科学技術振興機構が独自に作成している「JST科学技術用語シソーラス」も、用意されています。

【6】CiNii Articles

CiNii Articles（サイニイ＝アーティクルズ）は、国立情報学研究所が運営する学術論文のデータベース（雑誌記事索引データベース）です。同所の電子図書館事業（NII-ELS）として、紙媒体の学術雑誌の提供を受けると、論文と掲載誌の書誌データを抽出し、あわせて全文をPDF形式でデジタル化して、CiNii Articles上で公開してきました。すでにデジタル化されていて外部サイトに全文のデータがある場合は、そこへのリンクが提供されました。

しかしながら、国の方針によりNII-ELSは2017年3月で終了し、論文の電子化と公開支援のサービスはJ-STAGEに一本化されました。ただし、CiNii Articlesは継続するので、以後はJ-STAGEのコンテンツがすべて、CiNii Articles上でも検索可能となっています。CiNii Articlesにはまた、NDL雑誌記事索引のデータも収録するところとなっています。

【7】Google Scholar

Google Scholar（グーグル=スカラー）は，検索エンジンのGoogleが提供する，学術論文を中心としたデータベース（雑誌記事索引データベース）です。収録されているのは，Googleが全文検索（第12章 p.107参照）のためにウェブ=サイトから定期的に収集しているデータ，および学協会・大学・学術出版社などから提供を受けたデータです。CiNii Articlesへのリンクもあります。

Google Scholarの検索結果では，全文をウェブ上で読むことのできるサイトへのリンクがあるほか，「引用元 x」（当該論文を引用している論文の本数と，そこへのリンク），「関連記事」（当該論文と関連性が高いと判断された他の論文へのリンク），「全 x バージョン」（当該論文と類似した内容を，プレプリント・レター論文・会議発表論文といった複数の媒体で発表している場合に，それらを束ねた本数と，そこへのリンク）などの情報も分かります（上記の文章のなかの「x」は，数字を表しています）。

また（青文字でクリックのできる）「引用」の表示は，APA（American Psychological Association，アメリカ心理学会），MLA（Modern Language Association of America，アメリカ現代語学文学協会），ISO（International Organization for Standardization，国際標準化機構）といった組織の定める，それぞれの書式にしたがって，文献リストを自動的に作成してくれます。そのうえで，作成された文献リストは，文献管理・論文作成支援ソフトの，BibTeX（ビブテフ），EndNote（エンドノート），RefMan（レファレンス=マネージャ），RefWorks（レフワークス）などに取り込むことができます。

【8】Google ブックス

Google ブックスは，Googleが提供する，図書の書誌データベースで，書籍の本文を対象にした全文検索ができます。検索結果は，書誌事項の表示とともに，数ページ分の本文が読めたり，フルテキストを読めたりするものがあります。全文表示は，著作権保護期間が切れている書籍や著作権者が収録を許可した書籍が対象です。

【9】JAIRO

JAIRO（ジャイロ）は，国立情報学研究所の運営するデータベースで，国内の機関リポジトリ（第13章 p.121参照）に蓄積された学術情報（雑誌論文・紀要論文・学位論文・会議発表論文など）を横断して検索できます。また，JAIRO Cloud（ジャイロ=クラウド）という，機関リポジトリのシステム環境を提供するサービスも行なっています。

■

7 演習問題 コンピュータ目録（3）主題検索

問い1 件名標目表に関する記述で，正しいものをすべて選び，冒頭の数字を○印で囲め。

1 『基本件名標目表』第4版で「日本語 UF 国語」と指示があれば，「日本語」という言葉を件名として使うことになる。
2 『基本件名標目表』第4版では，より幅広い概念を表す言葉を下位語といい「NT」記号を使って指示される。
3 『基本件名標目表』第4版を使って件名を付与する場合，対象とする文献には表示されていない言葉が，件名に選択されることがある。
4 『基本件名標目表』第4版の一般細目「辞典」を使うと，たとえば『経済学辞典』であれば，件名全体は「辞典 ― 経済学」と表現される。
5 『基本件名標目表』第4版を使い，件名を特定したうえで資料を探索すれば，検索ノイズを減らすことができる。

問い2 次の文章の空欄に当てはまる，もっとも適切な語句をしるせ。

シソーラスという言葉は，「宝の小箱」といったような意味をもつギリシア語に由来する。最初にこの言葉を使って辞書を作ったのは，英国人医師の①＿＿＿＿＿＿＿＿で，1852年に初版が刊行された。この辞典は版を重ね，現在でも刊行されている。

通称「①のシソーラス」と呼ばれるこの辞典は，いわゆる②＿＿＿＿＿＿＿＿だった。国語辞典が「言葉」を音順で配列し，それぞれの言葉の「意味」を掲載しているのに対し，この辞典は「意味」のほうからたどって，その意味をもった「言葉」を掲載するというものだった。当初は詩作のときの連想支援に役立てようとしたのである。

シソーラスは情報検索でも使われるようになった。ただし，「①のシソーラス」の役割とは正反対で，言葉の使用に制限枠をはめる統制語彙表として，であった。図書館で伝統的に用いられてきた③＿＿＿＿＿＿＿＿と同じ働きをもつこととなったのである。

問い3 次の資料に『基本件名標目表』から件名を与えよ。

1．『カメラを集める楽しみ』＿＿＿＿＿＿＿＿＿＿＿＿

2．『写真撮影ここがポイント：山岳写真の初歩』＿＿＿＿＿＿＿＿＿＿＿＿

3．『ライカ：愛好家たちの永遠の名機』＿＿＿＿＿＿＿＿＿＿＿＿

シャシンキ　　**写真機*** 　⑧535.85 ; 742.5　⑨535.85 ; 742.5
　　　　　　　UF：カメラ
　　　　　　　TT：写真 112．精密機械 147
　　　　　　　BT：光学器械．写真
　　　　　　　NT：ストロボ装置
　　　　　　　RT：写真機工業

シャシンキカ　**写真器械**　⑧742　⑨742
　　　　　　　TT：写真 112
　　　　　　　BT：写真

シャシンキコ　**写真機工業**　⑧535.85　⑨535.85
　　　　　　　TT：工業 80
　　　　　　　BT：機械工業
　　　　　　　RT：写真機

シャシンゲン　**写真現像**　⑧744.3　⑨744.3
　　　　　　　UF：現像法．写真—現像
　　　　　　　TT：写真 112
　　　　　　　BT：写真

シャシンコウ　**写真光学*** 　⑧740.12　⑨740.12
　　　　　　　TT：写真 112．物理学 212
　　　　　　　BT：光学．写真

シャシンザイ　**写真材料*** 　⑧572.7 ; 742　⑨572.7 ; 742
　　　　　　　TT：化学工業 29．写真 112
　　　　　　　BT：光化学工業．写真
　　　　　　　NT：フィルム

シャシンサツ　**写真撮影**　⑧743　⑨743
　　　　　　　UF：撮影法（写真）．写真—撮影．スナップ写真
　　　　　　　TT：写真 112
　　　　　　　BT：写真
　　　　　　　NT：写真撮影（人物）．写真撮影（風景）

シャシンサツ　**写真撮影（人物）**　⑧743.4　⑨743.4
　　　　　　　UF：写真—撮影（人物）．人物写真—撮影
　　　　　　　TT：写真 112
　　　　　　　BT：写真撮影

シャシンサツ　**写真撮影（風景）**　⑧743.5　⑨743.5
　　　　　　　UF：写真—撮影（風景）．風景写真—撮影
　　　　　　　TT：写真 112
　　　　　　　BT：写真撮影

7 演習問題　コンピュータ目録（3）主題検索

問い4 次の資料に『基本件名標目表』から件名を与えよ。

1．『文学創作講座：小説指南』_____
2．『愛知県・文学の散歩道』_____
3．『村上春樹が説き明かす　ざっくり文学史』_____

　　ーヒョウロ　　**文学―評論*** 　⑧901.4；904　⑨901.4；904
　　　　　　　　　　UF：文学評論．文芸批評
　　　　　　　　　　TT：文学 216
　　　　　　　　　　BT：文学
　　　　　　　　　　SA：各国文学のもとの細目**―評論**（例：**日本文学―評論**）をも見よ。

　　ーレキシ　　　**文学―歴史*** 　⑧902　⑨902
　　　　　　　　　　UF：文学史
　　　　　　　　　　TT：文学 216
　　　　　　　　　　BT：文学
　　　　　　　　　　NT：印象主義（文学）．古典主義（文学）．自然主義（文学）．象徴主義（文学）．
　　　　　　　　　　　　文学地理．唯美主義（文学）．リアリズム（文学）．ロマン主義（文学）
　　　　　　　　　　SA：各国文学のもとの細目**―歴史**（例：**日本文学―歴史**）をも見よ。
　　　　　　　　　　SA：その他個々の文学上の流派・主義名も件名標目となる。

　　ブンガクカン　**文学館**　⑧906；910.6　⑨906；910.6
　　　　　　　　　　TT：博物館 202
　　　　　　　　　　BT：博物館

　　ブンガクキコ　文学紀行　→ **文学地理**

　　ブンガクキョ　**文学教育***　⑧375.8；907　⑨375.8；907
　　　　　　　　　　TT：教育学 48．日本語 192
　　　　　　　　　　BT：国語科

　　ブンガクサン　文学散歩　→ **文学地理**

　　ブンガクシ　　文学史　→ **文学―歴史**

　　ブンガクシャ　文学者　→ **作家**

　　ブンガクショ　**文学賞***　⑧907　⑨907
　　　　　　　　　　TT：表彰 208．文学 216
　　　　　　　　　　BT：表彰．文学
　　　　　　　　　　SA：個々の文学賞（例：**芥川賞**）も件名標目となる。

　　ブンガクソウ　**文学創作**　⑧901　⑨901
　　　　　　　　　　UF：創作．文学―創作
　　　　　　　　　　TT：言語 69
　　　　　　　　　　BT：作文
　　　　　　　　　　NT：小説―作法

　　ブンガクチリ　**文学地理***　⑧904　⑨904
　　　　　　　　　　UF：文学紀行．文学散歩．文学風土記
　　　　　　　　　　TT：日本文学 193．文学 216
　　　　　　　　　　BT：日本文学―歴史．文学―歴史

問い5 下記の設問に答えよ。

【1】 あるキーワードでデータベースを検索したところ，検索結果は150件だった。そのうち，利用者の要求に合致した適合情報は60件にとどまった。ところが，このデータベースには，この条件で利用者の要求に見合う適合情報は100件含まれているはずだという。適合率（精度）と再現率を求めよ。

【2】 あるキーワードでデータベースを検索したところ，80件の検索結果が得られた。検索ノイズは60件，検索漏れは30件であった。適合率（精度）と再現率を求めよ。

【3】 あるキーワードでデータベースを検索したところ，検索結果は100件だった。そのうち60件は，利用者の要求に見合ったものでは無かった。検索漏れが無いようにと，同義語や関連語を追加したOR検索で再度の検索を行なった結果，800件の回答があり，そのなかの160件が利用者の要求に合致していた。この160件が，当該データベースでの適合情報のすべてだと仮定したとき，最初の検索での適合率（精度）と再現率を求めよ。

問い6 次の図書館員の対応で，根本的に不適切である点を指摘し，改善策を示せ。
大学図書館のカウンターで，その大学の学生に対応している場面を想定。

学　　生「あの，ちょっと聞きたいのです。データベースについて調べているのですが，医学文献情報のデータベース・MEDLINE（メドライン）がネット上で無料公開されたのは，いつのことだったでしょうか」
図書館員「それは，1997年です」
学　　生「えっ，本当ですか」
図書館員「アメリカ国立医学図書館が提供するMEDLINEは，1997年に，PubMed（パブメド）という名称で，無料版が公開されました。PubMedの運営は，同図書館のなかの，国立バイオ技術情報センターというところが行なっていますね。PubMedで使われているシソーラスは，MeSH（メッシュ）という名前です」
学　　生「調べなくても即答できるなんて，すごいです」
図書館員「図書館に関連することでしたら，覚えておくことは仕事のうちですから」

■

総合演習問題
図書と雑誌本体の検索

問い1 選択肢のなかで正しいほうを選び，冒頭のローマ字を○印で囲め。

1．BSHに「宣教師 UF 伝道師」と指示があれば，件名は［a．宣教師，b．伝道師］。
2．索引と［a．書誌，b．目録］との類似点は，どちらも所在指示の機能をもつこと。
3．自館以外の専門機関などを案内したり照会したりするのは［a．レフェラル＝サービス，b．レフェリー＝システム］という。
4．再現率が高ければ［a．検索ノイズ，b．検索漏れ］は，少ない。
5．件名は，ディスクリプタと同様に［a．自然語，b．統制語］である。
6．BSHに「生涯学習 BT 教育」と指示があれば，「生涯学習」に対して「教育」は［a．上位語，b．下位語］である。
7．検索語「料理」の［a．前方一致，b．後方一致］のトランケーションでは，「日本料理」や「料理」がヒットする。
8．BSHに「図書館 RT 博物館」と指示があれば，「博物館」は［a．件名である，b．件名ではない］。
9．具体的なトピックスに関する資料や情報について，収集の手順を簡便に取りまとめたリストを［a．パスファインダー，b．ビューファインダー］という。
10．利用者がOPACに入力するキーワードは［a．索引語，b．検索語］である。
11．好きな作家の名前を図書館に登録しておくと，最新刊が入荷するたびに教えてくれるサービスは［a．ILLサービス，b．SDIサービス］という。
12．BSHの矢印記号は［a．を見よ参照，b．をも見よ参照］と同じ働きである。
13．［a．標目，b．アクセス＝ポイント］とは，カード目録における見出し項目のこと。
14．BSHの一般細目「雑誌」を使うとすれば，『キネマ旬報』という映画雑誌の件名は［a．雑誌―映画，b．映画―雑誌］となる。
15．件名法での件名細目と，分類法での［a．細目表，b．補助表］の分類記号とは，同じ働きをしている。

問い2 下記の管理コードについて該当する記述を右側から選び，●印同士を直線で結べ。

ISBN ●
（アイエスビーエヌ）

ISSN ●
（アイエスエスエヌ）

書籍JANコード ●
（ジャン）

定期刊行物コード（雑誌）●

日本図書コード ●

ORCID ●
（オーキッド）

DOI ●
（ディーオーアイ）

● 図書を識別するためのバーコード表示体系。日本独自の運用を含む，上下2段の構成。

● デジタル化された論文などを識別するための，国際的なコード体系。登録機関の発行する出版社コードと出版社の付与する文献コードから構成。

● 図書を識別するための国際的なコード体系。日本での割り当て担当は，日本出版インフラセンター。

● 逐次刊行物を識別するための，国際的なコード体系。日本での割り当て担当は，国立国会図書館。

● 図書を識別するための，日本独自の運用を含むコード体系。ISBN・分類コード・価格コードで構成され，目で見て確認できる。

● 商業雑誌を識別するためのバーコード表示体系。日本独自の，拡張コードを含む横一列の構成。

● 学術研究者を識別するための，国際的なコード体系。16桁（4桁ずつ区切り）のID番号のもとに，略歴・所属機関・研究業績などを登録できる。

問い3 次の記述で，図書に関するものはローマ字の「B」，雑誌には「S」を冒頭にしるせ。

1 [　　] この媒体は，性別・年齢・職業・所得・趣味・嗜好などでジャンルが細分化されており，そうした特定の読者層に向けて定期的に刊行される。

2 [　　] 単独著者によるひとまとまりの記述は，しばしば地域をまたぐために翻訳されたり，時間を経ることで古典に昇華したりして，読み継がれていく。

3 [　　] 理科系の研究者にとって，この媒体は教育的・啓蒙的な意味合いが強く，専門領域での業績評価からは少し離れた立ち位置で筆をとることが多い。

4 [　　] ページのスペースを区画割りやページ単位で切り売りし，他社の商品やサービスの情報を掲載して収入源としている。

5 [　　] この媒体の外装は，長期の保存を志向しておらず，板紙を用いた表紙が使われることはないし，見返しが付くこともない。

8 総合演習問題　図書と雑誌本体の検索

問い4 件名標目表に関する記述で，正しいものをすべて選び，冒頭の数字を○印で囲め。

1. 件名標目表を使って件名を付与した場合には，資料を探索するさいにも同一の件名標目表を使わなければならない。
2. 件名標目表で件名を付与しておけば，タイトルや著者名と混配して目録の見出し項目に掲げることができる。
3. 件名標目表を使って付与した件名は，ディスクリプタと同じように，自然語とみなすことができる。
4. 件名標目表に載っていない新しい主題が生まれたときには，その図書館で対応する件名を考案し，利用者に周知のうえで使えばよい。
5. 件名標目表で件名を付与するさいには，主題をもっとも的確に表現した言葉を，常に一つだけ選択する。

問い5 下記のデータベースについて該当する記述を右側から選び，●印同士を直線で結べ。

Factiva ●（ファクティバ）　　●情報関連の多国籍企業である，レレックス＝グループ（RELX Group），その中核部門が作成・提供する英米法の判例とビジネス情報のデータベース。

EconLit ●（エコンリット）　　●米国ダウ＝ジョーンズ社（Dow Jones）の作成・提供する，ビジネス情報のデータベース。世界各国の新聞や雑誌などの主要リソースを横断検索できる。

JSTOR ●（ジェイスター）　　●米国D＆B社（Dun & Bradstreet）の作成・提供する，企業情報のデータベース。世界各地の企業の概要を始め，独自調査による信用格付を付与する。

Lexis, Nexis ●（レクシス，ネクシス）　　●米国経済学会（American Economic Association）が作成する，経済学分野の文献データベース。論文記事だけでなく，書籍や学位論文も収録。

D＆B WorldBase ●（ディーアンドビー＝ワールドベース）　　●アンドリュー＝メロン財団が設立した，非営利組織のイサカ＝ハーバーズ（Ithaka Harbors）が運営する，電子ジャーナルを蓄積したデータベース。多数の出版社からコンテンツの提供を受けている。

問い6 次の文章を読んで，下記の設問に答えよ。

　電子書籍とは，デジタル化された文字ベースのコンテンツがインターネットを介して閲覧機器に配信され，本を読む疑似体験のできるものをいう。同じデジタル＝コンテンツでも，一度設定しておけば定期的に自動配信される，電子ジャーナルや新聞電子版とは区別されている。ネット接続が前提であって，①パッケージ化されたデジタル＝コンテンツをオフライン状態の閲覧機器に挿入して利用するものや，②デジタル＝コンテンツと表示用の機器とが合体して一つのデバイスになっているものは，ここでは除外している。

　電子書籍の「貸出」サービスを実施している図書館も少なくない。図書館は事業者とのあいだで配信契約を結ぶ。その場合に，電子書籍コンテンツの集積場所は，図書館側のコンピュータにあるではなく，ネットにつながっている配信事業者のサーバ上にある。こうした環境を③と呼ぶが，電子書籍サービスでの課題も指摘されている。

　ネット経由の「貸出」には，二つの方法ある。一つは，コンテンツを利用者の閲覧機器にダウンロードして，接続を切った状態で閲読するものだ。一定の「貸出期間」を過ぎれば，コンテンツは開けなくなる仕組みになっている。もう一つの方法は，常時接続の閲覧機器で事業者のサーバにアクセスし，オンラインのままで利用するものだ。通信技術の進展で，ネット接続中でも手元の閲覧機器でコンテンツが展開しているように感じられる。

【1】 文中①に当てはまるものを選び，冒頭のローマ字を○印で囲め。
　　a．朗読カセットブック，b．ＤＡＩＳＹ資料，c．電子辞書，d．ＬＰレコード

【2】 文中②に当てはまるものを選び，冒頭のローマ字を○印で囲め。
　　a．朗読カセットブック，b．ＤＡＩＳＹ資料，c．電子辞書，d．ＬＰレコード

【3】 文中③に当てはまる言葉を選び，冒頭のローマ字を○印で囲め。
　　a．クラウド（crowd，群衆）＝コンピューティング　　b．クラウド（cloud，雲）＝コンピューティング　　c．クラウド（Claude，人名）＝コンピューティング

【4】 文中③の環境がもたらす課題について，考えるところをしるせ。

8 総合演習問題　図書と雑誌本体の検索

問い7 下記の問い合わせに応えて，図書を検索せよ。
検索対象のデータベースは，国立国会図書館の「NDL ONLINE」あるいは「NDL Search」で，「詳細検索」を使うこと。書誌事項は次の要領でしるせ。

　　　　著者名『タイトル』版表示（シリーズ名），出版社名，出版年

1．著者は分からないが，確か"子供達に煙草の真実を"という書名の本を探している。
2．岩崎書店の童話なんとかシリーズで，オルゴールを題材にした絵本があったはず。
3．岡沢なにがし本人の著作で，山岳名著全集か山岳名著選書だったかのシリーズでの一冊を探している。
4．たぶん小学館から出版されたはずの，確か"リナックス革命の真実"という本。
5．宇野千代の，確か"生きていくわたし"という書名の本を，大活字本で読みたい。
6．重松なんとかという人の，確か"停年ゴリラ"という本は，文庫になっているか。
7．クセジュ文庫で，クロード＝フォーランの書いた本を探している。
8．ドン＝ボスコの，確か"祈りの箱舟"というタイトルの本はあるか。
9．簸田鶴子（ふくだ　つるこ？　読み方不詳）の本で，タイトルは，幼い話か，小さな物語か，そんな言葉だったと思う。その本を探している。
10．バーバパパの珊瑚礁探検というタイトルの絵本を探している。
11．内田老鶴圃（うちだろう　かくほ？　読み方不詳）の本で，蛋白質に関する入門書を探している。
12．確か"りんごの木の下のおばあさん"というタイトルの児童書があった。いちばん新しい出版年のものを探している。
13．小坂井澄の『これはあなたの母』という作品を，東京都千代田区紀尾井町の文藝春秋社から刊行された本で読みたい。
14．浅井某のデジタル回路について書かれた本を探している。
15．市川崑のタイポグラフィについて書かれた本を探している。

問い8 下記の問い合わせに応えて，雑誌本体を検索せよ。
検索対象のデータベースは，国立情報学研究所の「CiNii Books」で「雑誌」を選び，「詳細検索」を使うこと。

1。かつての『経済と外交』という雑誌，現在はどういう誌名に変わっているか。創刊号からの誌名変遷の経緯も確認したい。
2。『科学技術ジャーナル』の第3巻1号を，石川県立図書館，岡山県立図書館，神奈川県立川崎図書館の3館は所蔵しているか，確認したい。
3。静岡県浜松市で創刊された雑誌『ん』，その創刊号は何年何月に刊行されたのか。
4。『Nineteenth century music』の創刊号を所蔵している，広島県の図書館はどこか。
5。『British Journal of Educational Studies』の略誌名は何か。その雑誌を，名古屋大学では継続購入しているか。
6。1963年に創刊され2000年末に休刊した，平凡社の『太陽』。この雑誌を第1巻1号から第38巻12号まで揃いで所蔵している図書館はあるか。
7。略誌名しか分からないが，『Phys. rev. lett.』という洋雑誌の，正式誌名は何か。
8。『日ソ経済調査資料』のNo.743が見たい。愛知県下で所蔵する図書館はどこか。
9。福井県教育研究所が出版した『研究紀要』のNo.53，その所蔵館を知りたい。
10。『新日本酪農』の，昭和43年に発行されたと思われる，第22巻6号・第22巻7号・第22巻8号を，いずれも所蔵している京都府の図書館を知りたい。
11。『月刊文化財発掘出土情報』は，創刊号の前に，確か創刊準備号を出したはず。その創刊準備号を所蔵している図書館で，大学に附属していない図書館はあるか。
12。『消費者運動資料』の通巻84号目が見たい。どこの図書館が持っているか。
13。大正8年創刊の雑誌『改造』を，全36巻揃いで所蔵している図書館はあるか。
14。綜合演劇雑誌『テアトロ』の，創刊号を持っている図書館はどこか。
15。『Am. J. Clin. Nutr.』の創刊号を所蔵する，愛知県下の図書館はどこか。

学術論文（1）前付・本文

標題, 抄録, 序論・本論・結論,
「逆三角形型」

本章以降は，学術論文について考察します．まず，論文の特徴を確認したうえで，前付・本文・後付から成る論文の構成を，章をまたぎながら，説明することとします．

9.1. 論文の特徴

【1】論文は，研究者が自身の専門分野での知見を発表する手段です．刷り上がりにして数ページ程度の文章に研究成果をまとめて，公表に至ります．論文は俗に「ペーパー」とも呼ばれ，その数量を示す助数詞には「報」「編」「本」などが用いられています．

【2】執筆にさいしては「事実」と「意見」とを明確に区別し，事実を証拠（evidence）に据えて，そこから導かれる意見が論理的に陳述してあります．論理的とは，筋道立てて分かりやすくということであって，個人的な感情が混ざるものではありません．

　研究の成果は，発表されて初めて完結するものであり，おおやけにすることで先取性（他の人に先んじて成し遂げたオリジナリティ）が主張できます．発表されなければ，同じ課題に取り組んでいる別の研究者が成果を上げて執筆を果たし，先取権（priority）を得るでしょう．論文発表は，いわば競争のなかでの先陣争いであって，芸術作品のように個性（その人にしか成し得ないオリジナリティ）を発揮するものではないのです．

【3】論文での使用言語が，圧倒的に英語であることも忘れてはなりません．学術研究の成果は普遍的なものであり，これを世界中に知らしめるためには国際的に通用する言語，つまり英語を使う必要があるのです．日本語で書かれた論文であっても，標題・著者名・抄録・キーワードに関しては英文併記が求められています．

　英語が国際的な言語の位置を獲得したのは，第二次世界大戦後にアメリカが科学研究で優位に立ったが故です．二度の世界大戦で欧州から多くの亡命科学者を受け入れたこと，戦場とならなかったので繁栄が途切れなかったことなどに起因します．

【4】論文ではまた，形式（style）が決まっているというのも特徴です．学術雑誌によってレイアウト上で若干の異同はあるものの，基本的な骨組みは踏襲されています．ゆえ

に「論文の書き方」といった訓練を経ることで，だれでもが一定水準の論文をものすることが可能です。それは，芸術作品が才能に依拠しているのとは大きく異なる点です。

次節から，論文の構成を前付・本文・後付の順に説明します。

9.2. 論文の構成（1）前付

本文より前の位置に付けられる前付（まえづけ，front matter）には，①標題，②著者名，③著者の所属先，④日付，⑤抄録，⑥キーワード，⑦目次などがあります。

【1】**標題**（title）には，結論を簡明に盛り込んだ直截な表現が望まれます。主題を的確に示すのは無論のこと，研究の成果が具体的かつ明瞭に示されている必要があります。

副標題（subtitle）を付けることもあります。標題で示された内容を限定したり補足したりするためです。副標題は，前後を2倍の長さのダッシュ記号［—］で挟んだり，標題とのあいだをコロン記号［：］で区切ったりします。標題・副標題ともに，英文併記。

【2】**著者名**は，論文の内容に責任をもつ者の名称です。姓・名を略さずに記載します。複数著者の場合には寄与・貢献の順で序列を付け，横組みではもっとも左側が第一著者です。多数の著者名を姓の音順でしるしていく例もあります。英文併記。なお，英語表記も姓・名の順とし，姓はすべて大文字，名は冒頭1文字のみ大文字とするのが通例です。

【3】**著者の所属先**は，論文投稿の時点の所属機関名を，部局名なども含めて記載します。所属機関の住所や，著者のメール＝アドレスが記されることも多く，論文の読者からの問い合わせが可能なように配慮します。ただし，個人情報の取り扱いには要注意です。

【4】**日付**は，①投稿論文が編集部に到着した，受付日（received date）か，②投稿論文が査読制度（第11章 p.096参照）を経て掲載が決定した，受理日（accepted date）のいずれかです。先取性を競う論文では，日付は重要なものとなります。

【5】**抄録**（abstract）は，論文の内容を正確にかつ簡潔に要約した文章です。原論文を読まなくても内容の要点が素早く把握できるように，あるいは原論文を通読すべきか否かの判断材料を提供する目的で，掲載されます。英文併記。

要約なので，たとえば，和文で400字以内，英文で200語以内というように，字数（語数）の厳密な制限があります。なお，目的・方法・結果・考察などの項目別に分けて記載し，抄録とすることもあります。これを構造抄録（構造化抄録）と呼びます。

【6】 キーワードは，論文の主題を的確に表現している言葉で，5個から10個を目安に，著者が付与します。資料探索や情報検索のときの手掛かりとするものです。英文併記。

その他，論文が長文となる場合には，目次（content）を付けることがあります。

9.3. 論文の構成（2）本文

【1】 本文には，見出し（heading）が付けられます。複数の段落を内容的なまとまりで区切って，その内容がひと目で分かるように配慮されているのです。

見出しは，章（chapter）・節（section）・項（clause）という，大・中・小の等級差のある項目が配置されます。表記方法は，アラビア数字にピリオドを添えた後で見出し項目をしるし，全体はゴシック体として，本文の行頭とそろえます。

  1．□□□□□　　　　　　（第1章　□□□□□）
  1．2．□□□□□　　　　（第1章 第2節　□□□□□）
  1．2．3．□□□□□　　（第1章 第2節 第3項　□□□□□）

【2】 本文はまた，全体が序論・本論・結論というブロックで，大きく三分割されています。序論は本文での最初の章が相当し「はじめに」「概要」「序章」「緒言」などの見出しをもち，結論は最終の章で「おわりに」「まとめ」「終章」「結言」などの見出しをもちます。そのあいだに挟まれた章のすべてが，本論となります。

<u>序論の役割は，本論への導入です</u>。研究に取り上げた分野の現況を述べ，研究の目的を明らかにし，自分が行なった研究の必要性を強調し，研究の手順を簡潔に説明します。

序論で，もう一つ大切なことは，到達点としての結論を提示することです。最終章まで読み進めてみて初めて結論が判明するような展開ではなく，序論のところで結論相当の見解がすでに明確になっていることが肝要です。

<u>最終章の結論のところでは，到達点としての結論をもう一度示します</u>。本論での論旨を列挙してまとめあげ，序論でも提示した結論相当の見解を再確認するのです。細かく言えば（日本語の文では），序論での結論相当の見解は，これから読み始めるときなので現在形を用い，結論で再提示する結論部分は，本論を読み終わった後なので過去形とします。

結論の章では併せて，最終的に得た結論に対し，第三者の立場に立った考察を加えます。調査の不十分だった点を反省し，残ってしまった課題を指摘し，今後に必要となる研究方向の見通しを簡潔に吟味しておきます。

【3】 一般的に，文章の構成には「叙述型」と「逆三角形型（倒述型）」があります。叙述型は，順を追って論旨を展開するものです。前説（まえせつ）をふり問題点を提示して

始まり，検証を重ねながら，最後にもっとも主張したい事柄へと導く「序論→本論→結論」という順で進みます。これに対して逆三角形型は，叙述型を転倒させて結論を先行させた「結論→要旨→補足説明」という構成で，読み始めてすぐに重要点が明かされます。

後者の逆三角形型は，三角形が倒立した図式です。上部に重心が置かれているので全体像を先に示すことが表現されており，下部に進むにしたがって先細り細部が論じられていくイメージです。たとえば，客観的な事実を伝える新聞記事は，論証が不要なことから，この逆三角形型の文章構成となっています。

【3 a】論文の基本的な骨組みは，実のところ「標題→抄録→本文（序論→本論→結論）」であって，本来は叙述型です。本文では，研究テーマを問題提起のかたちで設定し，その問いに応えるべく調査や実験のデータを集め，論証を幾重にも加えながら，最終的にもっとも主張したい見解へと導いていくものです。

叙述型でありながら，注意すべきは，**論文には逆三角形型の文章構成が援用されている**ことです。標題には結論を的確に盛り込んで論文の主題をまず明かし，抄録では本文の要約が提供されて論文の全体像を把握でき，その後の本文で具体的な論証が展開されます。本文においても，序論の章のところで到達点である結論相当の見解がすでに提示され「結論から書き始める」ことが意識されています。結論部分を常に先行させる工夫を施し，論文の主旨を読者に素早く手短に理解してもらえるよう意図しているのです。

9.4. 論文の構成（3）本文に含まれる要素

【1】句点（くてん）は文の終結を示す記号で，読点（とうてん）は文の途中の区切りを示します。句点と読点を合わせて**句読点**です。横組みでの論文における句読点の組み合わせには，次の三つの方式があります。

　　①コンマ［，］と，ピリオド［．］
　　②コンマ［，］と，マル［。］
　　③テン［、］と，マル［。］

方式の①は，欧文を踏襲したもので，理工系の文章で用いられます。②は，政府公用文書で定められた方式です。③は，児童用の読み物に主に使われ，縦組みの和文を踏襲しています。いずれにせよ，当該文書内では統一されていなければなりません。

文の終わりであっても句点を置かないケースがあります。それは，①箇条書き，②図表の上部に置かれるキャプション，あるいは表組みのなかに置かれた体言止めの文，③カッコ記号で挟まれた文章が，カッコ記号の直前で終結している場合，です。ただし，政府公用文書の場合，カッコ記号で終わる文末には，句点を入れるものと定めています。

9 学術論文（1）前付・本文　標題, 抄録, 序論・本論・結論,「逆三角形型」

読点は，かかる言葉と受ける言葉の関係を明確にして，読む者の誤読を避けるために用います。二つ以上の述語が連なっているときは，接続詞の「そして」を入れられる箇所に必要に応じて用います。読点を打つことで，その直前の語句が他から切り離されて強調されます。音読時の息の継ぎ目に打って，文章のリズムを整える働きもあります。

【2】図表とは，「図」と「表」を意味し，本文に組み込まれて内容の理解をサポートする役割を担っています。図も表も，本文に出現する順番でそれぞれに通し番号を付け，「キャプション」あるいは「レジェンド」を添えます。

　キャプション（caption）とは，図表の「上部に」示される見出しです。体言止めで表現され，句点は省かれます。レジェンド（legend）は，図表の「下部に」しるされる説明文のことで，こちらは文法的に完全な文章であって，文末には句点を付けます。

【2a】図（figure）は，写真・グラフ・図柄などのビジュアル表現です。グラフには棒グラフ・円グラフ・散布図・レーダー＝チャートなどがあり，図柄は装置図やフロー＝チャート，アロー＝ダイアグラムなどです。視覚的な要素の強いものを総称しています。

　<u>図では（キャプションは用いず）通し番号とレジェンドを，ともに図の下部に置くのが一般的です</u>。通し番号は，たとえば，「Fig. 1」「図1」などと示します。

【2b】表（table）は，数値データや要素となる項目を，タテの列とヨコの行とを組み合わせて示した一覧です。一般的には罫線で区切って格子状に示すのですが，論文ではタテの罫線を用いず，ヨコの罫線だけを使って，しかも最小限のヨコ罫線にとどめています。表の一番上と一番下，それに見出しの行とそれ以外を区切る位置の，三箇所のみです。

　<u>表では，通し番号とキャプションを，ともに表の上部に置きます</u>。通し番号は，たとえば，「Table 1」「表1」などとします。表の場合は，列や行の項目名が説明文の代用となっているので，キャプションだけにとどめているのです（ただし，必要に応じてレジェンドを表の下部に示すことはあります）。

【3】注記（note）は，本文中の特定の語句や文章についての解説・補足を行なう文です。注記の文章を記載するには，次のような方式があります。

　　　　①本文の該当箇所の，その直後にカッコ記号でくくって記載（挿入注，割注）
　　　　②本文の該当箇所の，そのページの下辺や左辺などに記載（頭注，脚注，傍注）
　　　　③本文の該当箇所からは離れて，段落末・章末・巻末に記載（後注）

上記の②と③の方式では，本文の該当箇所にいったん何らかの印（呼び出し記号）を付け，該当箇所とは別な位置に，あるいは離れたページのところに注記の記載をとりまとめ，呼び出し記号と注記の文章とを一対一で対応させます。

【4】箇条書き（itemization）は，いくつかの条項に分けて，要点を簡潔に書き並べる表記方法です。一般的には，冒頭にアラビア数字や漢数字，中点記号などを配して列挙し，文末の句点は省略します。

　箇条書きであることを目立たせるために，本文行頭から字下げをして箇条書きを始めたり，あるいは箇条書きの前後を1行分空けたりすることもあります。

　字下げを施した箇条書きが2行以上にわたるケースがあります。折り返される（2行目以降の）行頭の処理には，①1行目の行頭より字上げをする，②1行目の行頭と2行目以降の行頭を揃える，③1行目の行頭より字下げをする，といった方式があります。

【5】雑誌掲載時に，「ウィドウ」や「オーファン」の状態が見られることがあります。出版物としては見苦しいものなので，校正段階で修正されていなければなりません。

【5 a】ウィドウ（widow）とは，段落の最終行において文字数が少なすぎる状態をいいます。英語の原義は「未亡人」ですが，この場合の日本語訳は定まっていません。

　欧文でのウィドウは「最終行が1単語のみ」を意味します。和文では，「最終行が1文字のみ」をウィドウとみなします。ウィドウの状態を回避するには，前の行の字間を詰めて，最終行の1文字を前の行に追い込んでしまうか，あるいは，前の行の字間を開けて，前の行から1文字を追い出して最終行を2文字とするか，いずれかの処置をします。

　追い出す場合にみるように，和文での最終行は「最低でも2文字」を確保します。とくに偶数ページの始まりに「る。」などが最終行として残ってしまい，それで改ページされてしまうと，次のオーファンの状態も含むことになり，最悪のケースとなります。

【5 b】オーファン（orphan）とは，段落を構成する行数が少なすぎる状態を指します。英語の原義は「孤児」ですが，この場合の日本語訳もやはり定まっていません。

　欧文でも和文でも，オーファンは「（複数行の）段落が1行のみで途切れた状態」を意味します。新しいページの冒頭に，前ページの段落の最終行が入り込んだ状態や，ページの本文末が，新しい段落の第1行目だけで中断された状態です。本文末が「見出しのみ」あるいは「見出し＋1行」で改ページされたものもオーファンとみなします。

　これらのオーファンの状態を回避するためには，追い出しなどの処理をして，段落の最終行または第1行目は「最低でも2行」を確保します。見出しを含む場合でも，本文末は「見出し＋最低2行」を確保しなければなりません。

［注記］　雑誌掲載時には禁則処理にも要注意です。行頭に位置させないのは，句読点，閉じのカッコ類，長音記号，中点，疑問符，感嘆符など。行末に位置させないのは，始めのカッコ類。改行で分離させないのは，2文字分の罫線や数字に続く単位記号類です。

9 学術論文（1）前付・本文　標題, 抄録, 序論・本論・結論,「逆三角形型」

【6】柱（はしら，running head）は，ページの余白部分に入れる見出しのことです。読者が必要なページを見つけやすくするために，あるいは複写されたコピーから元のページの位置付けが判明するように，図書にも雑誌にも挿入されています。

　柱は，①奇数ページにのみ入れる，②奇数・偶数の両ページに同じものを入れる，③偶数ページに大きい方の見出し項目（たとえば，図書や雑誌のタイトル），奇数ページには小さい方の見出し項目（たとえば，章や論文の標題）を入れる，といった方式があります。

[注記]　キーワード（keyword）の原義は「カギとなる重要な言葉」です。文章の内容を把握するために，あるいは特定の問題を解くうえでの，有益な言葉の意です。開かないように固定できる錠（lock）を，開閉させることのできる器具が鍵（key）であって，そのイメージが流用されています。

　原義を敷衍させて，本書ではキーワードが二つの意味で用いられています。一つは，「主題を的確に表現している言葉」の意です。主題分析の結果として想起されたキーワード，統制語彙表で置き換えられた統制語，人為的な選択（あるいはコンピュータの自動抽出）で設定された自然語などは，いずれもこの意味を担っています（第7章 p.058参照）。

　もう一つは，「資料探索や情報検索で手掛かりとする言葉」の意です。データベース構築側が（利用者の検索行動を想定して）事前に設定する索引キーワード，利用者の側が検索の実行時にOPACなどから入力する検索キーワードは，どちらもこの意味をもっています（第3章 p.015参照）。

■

9 演習問題 学術論文（1）前付・本文

問い1 学術論文に関する，下記の設問に答えよ。

【1】論文の標題について，当てはまるものを選び，冒頭の数字を○印で囲め。
1 標題は，結論を織り込みながら断定的な表現で主題を示しているのが望ましい。
2 標題は，いろいろな意味にとれる多義的表現で主題を示しているのが望ましい。
3 標題は，細分化せず大きな概念による表現で主題を示しているのが望ましい。

【2】論文の抄録について，当てはまるものを選び，冒頭の数字を○印で囲め。
1 抄録を主体にした二次資料に，『大宅壮一文庫 雑誌記事索引 総目録』がある。
2 抄録を主体にした二次資料に，『専門情報機関総覧』がある。
3 抄録を主体にした二次資料に，『科学技術文献速報』がある。

【3】論文のキーワードについて，当てはまるものを選び，冒頭の数字を○印で囲め。
1 論文のキーワードは，著者が付与する統制語である。
2 論文のキーワードは，著者が付与する自然語である。
3 論文のキーワードは，雑誌編集者が付与する統制語である。

【4】論文の本文冒頭，序論について，当てはまるものを選び，冒頭の数字を○印で囲め。
1 序論には，到達点である結論を盛り込む。
2 序論には，今後に必要とされる研究課題を盛り込む。
3 序論には，資料や資金を提供してくれた人への感謝の意を盛り込む。

【5】論文受理の日付について，当てはまるものを選び，冒頭の数字を○印で囲め。
1 受理日の記載は，雑誌発行日とのあいだのタイムラグを示すためにある。
2 受理日の記載は，雑誌内で論文掲載の順序を決めるためにある。
3 受理日の記載は，先取権を判断するためにある。

9 演習問題　学術論文（1）前付・本文

問い2 論文の構成と，同様の趣旨をもつものをすべて選び，冒頭の数字を○印で囲め。

1　マクラをふって語り始め，本編に入って熱弁をふるい，サゲ（オチ）で最後を締める，寄席で演じられる古典落語。
2　サビでいきなり始まり，イントロを挟んで，Ａメロ・Ｂメロ・サビへと進行していく，サビあたまで編曲されたＪ-ＰＯＰ。
3　オープニングで「え？」と思わせる問いを投げ，あいだに挟んだＣＭ明けになって，おもむろに事態の真相を解明していく，民放テレビ局の情報番組。
4　大きな文字で見出しを掲げ，リード（あるいは第一段落）で要約を示し，詳細な説明のある本文へと導く，新聞記事。
5　第一幕で設定や人物が紹介され，第二幕で主人公たちは困難や葛藤を経験し，第三幕ではすべての挿話が集約されて一つの主題が鮮明になる，近代戯曲の三幕構成。
6　犯人の正体を明かして事件の全容がまず示され，主人公の探偵が登場して犯人のアリバイを崩す過程を描く，倒叙ミステリ。
7　「大阪本町　糸屋の娘」，「姉は十六　妹が十四」，「諸国大名は　弓矢で殺す」，「糸屋の娘は　目で殺す」という，起承転結の構成をもつ，俗謡。
8　冒頭で主文を読み上げ，続いて理由を縷々朗読していく，法廷で裁判官が行なう判決の言い渡し。

問い3 次の図書館員の対応で，根本的に不適切である点を指摘し，改善策を示せ。
　　　　大学図書館のカウンターで，その大学の学生に対応している場面を想定。

学　　生「タンパク質についての論文を探しているのですが」
図書館員「論文の表示は，カタカナ混じりの『タンパク質』，ひらがな混じりの『たんぱく質』，漢字表記の『蛋白質』など，さまざまに揺れていると思うので，件名標目表を使って統制して，件名で検索しましょう。うちの図書館では冊子体の基本件名標目表（BSH）を使っています」
学　　生「OPACから別ウィンドウで国立国会図書館のサイトを呼び出し，国立国会図書館件名標目表（NDLSH）を参照することもできますね」
図書館員「NDLSHウェブ版で件名を確定し，うちのOPACで使ってもいいですよ」
学　　生「ウェブ版は，冊子体よりも格段に使い勝手がいいです」
図書館員「そうそう，NDLSHウェブ版はキーワードの統制だけでなく，著者名などの典拠データも加えて機能を拡張し，2012年からは『国立国会図書館典拠データ検索・提供サービス（Web NDL Authorities）』と名称を改めています」

問い4 選択肢のなかで正しいほうを選び，冒頭のローマ字を○印で囲め。

同義語のなかで，発音も同じだが表記の異なる言葉，たとえば［a．工業と鉱業，b．タンパク質と蛋白質］のような場合，両者をともにヒットさせるには，ふたつの方法がある。一つは，両者の［a．論理積，b．論理和］をとる方法であり，もう一つは，［a．読み形，b．表示形］から検索する方法である。いずれの検索方法によっても，［a．検索漏れの少ない，再現率の高い検索結果，b．検索ノイズの少ない，適合率の高い検索結果］を実現することができる。ただし，残念ながら［a．検索ノイズ，b．検索漏れ］が多くなることは避けられない。検索漏れと検索ノイズは，一方を減少させようとすると他方は必ず増加してしまうという，いわば二律背反の関係にあるからだ。

問い5 下記の雑誌について該当する発行元を右側から選び，●印同士を直線で結べ。

『情報の科学と技術』●　　　●日本図書館研究会
　　　　　　　　　　　　　図書館員や研究者の集う学術団体。戦前の大阪にあった青年圖書館員聯盟の伝統を継承。

　　『図書館雑誌』●　　　●科学技術振興機構
　　　　　　　　　　　　　科学技術振興を目的に組織された，国の機関。戦後設立の日本科学技術情報センターが母体。

　『みんなの図書館』●　　　●日本図書館協会
　　　　　　　　　　　　　館種を横断して組織された，図書館員の職能団体。明治期創立の日本文庫協会が母体。

　　　　『図書館界』●　　　●図書館問題研究会
　　　　　　　　　　　　　公共図書館が直面する課題に対処し，利用者のための図書館を目指す，運動体的な団体。

　　　　『情報管理』●　　　●情報科学技術協会
　＊2018年3月で休刊　　　　情報の理論や検索に関する専門団体。日本UDC協会を母体に，日本ドキュメンテーション協会を経て，現名称に。情報検索の検定試験も主催。

10 学術論文（2）後付

引用・参照・参考, 文献リスト（書式・対応方式）

前章では，論文の構成のなかで，前付と本文の箇所を説明しました。この第10章では，本文の後段に配される後付（あとづけ，back matter）を考察することとします。

後付には，①謝辞，②文献リスト，③付録，④索引，⑤用語集などが含まれます。これらのなかで必要不可欠なのは，文献リストです。前章では，論文の骨組みを「標題→抄録→本文（序論→本論→結論）」としましたが（第9章 p.081参照），これに文献リストを加えることによって，論文のもっとも基本的な骨格が整います。

標題→抄録→本文（序論→本論→結論）＋文献リスト

文献リストについては，本文の箇所との対応の仕方や，書誌事項の具体的な表記の方法なども詳しく見ていくこととします。

10.1. 論文の構成（4）後付

【1】謝辞（acknowledgement）は，当該研究の推進にさいして資料や資金を提供してくれた，あるいは図表作成や現地調査に協力してくれた個人や機関に対し，その名称と支援内容を記載して，感謝の意を表すものです。本文では一律に敬称略ですが，この謝辞のところだけは，人名に「教授」や「氏」などの敬称を添えます。ただし，過度の敬語やオーバーな表現はかえって見苦しくなります。文部科学省の科学研究費，その他の研究助成や寄付をもらっている場合にも，そのことを明記し記録として残します。

謝辞は，独立の章を設けて「謝辞」という見出しのもとにしるす場合と，最終章のなかで段落を改めるだけで（見出しは立てずに）述べてしまう場合とがあります。

【2】文献リスト（bibliography）は，論文執筆にさいして，引用したり参照したりした先行研究の，文献一覧リストです。

本文の巻末に「参考文献」という見出しを立てて，論文内で引用あるいは参照した文献の書誌事項をリストアップします。場合によっては，「参考文献」という見出しの代わりに「引用文献」あるいは「参照文献」といった見出しが用いられたり，注記の後注（第9章 p.082参照）と一緒に並べて「注記・参考文献」と立項されたりもします。この文献リストについては，次節で改めて述べます。

【3】付録（appendix）は，本文でしるすには煩雑すぎる生データ，あるいは数値データの詳細な導出過程などを収録します。本文部分の末尾で，文献リストの前に置くのが一般的です。本文では，付録に詳細な情報が与えられていることを，［（付録A参照）］などの語句を挿入して指示しておきます。後付には，そのほか，索引（index）や用語集（glossary）を必要に応じて付けることがあります。

10.2. 文献リスト（1）引用・参照・参考

【1】 引用文献・参照文献・参考文献

引用あるいは参照は，先人の先取性を尊重しつつ，当該論文における著者の主張を補強する目的でなされます。あくまでも著者の論説がメインであって，引用・参照は質量ともに従属的な位置にとどまるものでなければなりません。

引用・参照した文献の出典・典拠は，「引用文献」「参照文献」「参考文献」といった頭書（かしらがき）のもと，その書誌事項を一覧リストにとりまとめて，論文の巻末に掲載されます。まず，これら三者の相違を確認します。

【2】 引用（quotation）とは，先行研究の文献の一部を一字一句違わずに再掲することを意味します。原文の状態を崩さずに転記するのが鉄則です。

もしも原文に手を加えたり，原文に誤植があったりした場合は，「傍点は引用者」「常用漢字・現代仮名遣いに改めた」「ママ」などの，断り書きや添え字を付記します。原文の一部省略は，「中略」の文字を角カッコ記号でくくって［［中略］］としたり，「略」を丸カッコ記号でくくり，前後を2倍の三点リーダー記号で挟んで［……（略）……］としたりします。また，原文の段落を無視して引用する場合は，斜線記号［／］を挿入して区切ります。

表現の正確さを重視するので，引用箇所は明らかに引用された文章だと分かるかたちで示さなければなりません。文中では引用文の全体を一重かぎカッコ記号でくくったり，長い引用文であれば段落を改めたうえで，字下げや行空きを施したりして掲載します。

人文・社会系の学問では，この「引用」を本義としています。引用がなされた場合に，その出典・典拠となった文献が「引用文献」です。

【3】 参照（citation）は，原文の内容を要約し，地の文に溶け込ませてしるすものです。表現の正確さよりも，その文章の盛られている事実のほうを重要と考えています。したがって，文脈上の表現をそのまま書き写すのはむしろ冗長であって，趣旨を簡潔にまとめて言及するのです。

10 学術論文（2）後付　引用・参照・参考，文献リスト（書式・対応方式）

先行者のしるした原文を尊重しており，執筆者の主張が「主」で，参照が「従」であるという点では「引用」と何ら変わりがありません。内容を忠実に要約し，その範囲を明らかにするのは無論のことです。

　自然科学では，こちらの「参照」のほうに意義を見出しています。参照がなされた場合に，その出典・典拠となった文献が「参照文献」です。

【4】**参考**（reference）とは，本書では，「引用」と「参照」とを合わせたものと位置付けます。両者の総称です。引用がなされた場合でも，参照がなされた場合でも，その出典・典拠となった文献を総括して，「参考文献」と呼ぶこととします。その文献リストは「参考文献」の頭書のもとで巻末に示されます。加えて，読者の参考になるように紹介するという，別な文脈での意味を込めることもあります。

　なお，**文献**（literature）とは，図書や雑誌本体，雑誌のなかの論文・記事，それに新聞記事を意味します。紙媒体にコンテンツが印刷されたものです。資料（literature）のほうは，紙・テープ・ディスク・フィルムなどの物理的な媒体を対象とするもので，文献を包含する概念です。資料でもある文献は「印刷資料」と呼ばれることがあります。

【5】引用・参照の元となった出典・典拠のデータは，引用・参照した箇所に近接していることが望ましいのですが，論文では特有の表示方式をとります。それは，<u>該当箇所にいったん何らかの印（呼び出し記号）を付けておき，ページの離れた本文の巻末で，出典・典拠の一覧リストをとりまとめ，両者を一対一で対応させる</u>というものです。すでに述べたように，出典・典拠の文献一覧リストは，「引用文献」「参照文献」「参考文献」の見出し項目のもとで，書誌事項が記載されます。

　本文の該当箇所と巻末の文献リストとを対応させる方式には，「番号方式」と「著者名方式」の二つがあります。次節において，これらの対応方式を詳説します。

10.3. 文献リスト（2）番号方式

【1】「番号方式」は，数字がキイです。まず，引用・参照の箇所に，ルビ相当の小さなアラビア数字を連番で割り振って呼び出し記号とします。巻末の文献リストでは，その数字の順に，出典・典拠となった文献の書誌事項を記載します。この「番号方式」は，（挿入注と割注以外の）注記を対応させる方式とも共通です（第9章 p.082参照）。

【1a】数字は，丸カッコ記号と組み合わせて表示する［（1），（2），（3），……］場合と，「右側」の記号だけの片カッコとする［1），2），3），……］場合があります。

注意すべきは，呼び出し記号が句読点やカッコ記号と連接する場合の処理です。句読点と連接する場合はその前に，カッコ記号との連接ではその後ろに置くのが原則です。

〇 ………… □□□ [1)]。　　　　〇 ………… □□□」[2)]

× ………… □□□。[1)]　　　　× ………… □□□ [2)]」

【1b】「番号方式」による，本文での引用・参照箇所の事例を，下記に示します。

　例　引用の場合

　　……大田俊寛は「マンダ教においては，洗礼という儀式が共同体祭儀の中心を占めている」[(1)] と述べている。しかしながら，ここでは……

　例　参照の場合

　　……大田俊寛も指摘しているように，マンダ教では洗礼という儀式が共同体祭儀の中心だと考えられる[1)]。しかしながら，ここでは……

【2】「番号方式」による文献リストの記述例を，下記にしるします。<u>記述の仕方には異同があり，学問分野ごとに多様なスタイルがあります。</u>一例として，書名・雑誌名は二重かぎカッコ，合集や雑誌に掲載された論文標題は一重かぎカッコでくくりました。

著者名の後に「著」は付けませんが，「編」「編著」は付け，翻訳者には「訳」を添えます。複数著者の場合は，第一著者のみを記載して，他は「ほか」として省略します。版表示で，初版は省略します。出版年は西暦で示し「年」の文字は付けません。

ページ数は，引用・参照箇所を明示する場合は，略語の「p.」を数字の前に付けて，始めのページ番号と終わりのページ番号をハイフンで結びます。著作全体を参照した場合には，総ページ数をしるすのですが，この場合は「p.」を数字の後ろに付けます。

1）百田昭彦『日本新聞通史』第2版（新泉双書125）新泉社，1987，476p.

2）花村武「宗教寛容の思想」，工藤正ほか編『インド哲学』創文社，1994，p.11-15.

3）山田一郎「アンペイドワーク」『産業紀要』5巻3号（1999年2月），p.120.

【2a】とくに雑誌論文では，誌名を二重かぎカッコでくくらなかったり，論文標題も一重かぎカッコで挟まなかったりすることもあります。巻次も「Vol.」「No.」や「vol.」「no.」の組み合わせで略語を用いたり，略語すらも使わなかったりすることがあります。

ページ数で，小文字の「p.」の代わりに，「ページ」あるいは「頁」とすることもあるのですが，「頁」の語は，冊子体のページとは関係のない，まったくの俗字です。2ページ以上にまたがって引用・参照した場合に，略語を「pp.」とすることがあります。

4）中村格「家庭 とメディア」教育と情報. Vol.7, No.12, (1989.12), pp.34-39.

5）森順. 熱工学先端の展望. 日本機械学会誌. 34(4), (1996.4), pp.111-125.

6）西至. 土壌と細菌：特集 土壌環境. 生物工学会誌. 456, (2009), p.419-421.

【2 b】欧文の場合，書名や誌名はイタリック体とし，原稿段階でイタリック体にできない場合は下線が付されます。論文標題は，引用符［" "］でくくることもあります。著者名は倒置させて姓・名の順とし，姓をすべて大文字として前段に置き，名のほうはイニシャルのみに統一して後段に置く方法もあります。英語の「ed.」は，版（edition）または編者（editor）の略語です。ラテン語の略語「et al.」は，「ほか」の意味です。

  7）J. C. Merrill, *Global Journalism*, 3rd ed., Longman, 1983, pp.34-39.
  8）Mori, S et al. Influence of the Stream, <u>Nature</u>, 452,（2009），p.206-209.
  9）Clend, Rod."Media." *Information*, 7(10),（1989）: 256-260.
  10）CLEND, R.（1990）. Media Strategy. *Information*, 8(11), p.278-281.

【2 c】一度 引用・参照した文献を別の箇所で再び引用・参照した場合，文献リストでは二度目以降の書誌事項の一部を省略して，下記のように示します。

 直前の文献と同じ場合は，「同書」「同上」「同前」などの語を用いて，該当ページ数のみをしるします。あるいは，ラテン語の略語「ibid.」をイタリック体で用います。

  2）同書，123ページ．
  2）*Ibid*., p.123.

離れている文献の場合には，著者名の姓を再掲し「前掲書」「前掲論文」などの語をもちいて当該ページ数のみをしるします。出版年を再掲することもあります。あるいは，ラテン語の略語「op. cit.」をイタリック体で用います。

  5）百田，前掲書，1987，123ページ．
  5）百田，*op. cit*., 1987，p.123.

10.4. 文献リスト（3）著者名方式

【1】「著者名方式」では，著者名がキイとなります。まず，引用・参照の箇所には，出典・典拠とした文献の，①著者の姓のみ，②文献の出版年，③必要に応じて（引用・参照した）該当ページ数を，この順番にカッコ記号に挟み，呼び出し記号とします。著者名はすべて大文字とし，たとえば，［KITA, 2009, p.23］，（KITA 2010：34-39）のようにします。

 引用・参照の箇所で，本文にある著者名の直後に呼び出し記号を挿入する場合には，著者名の姓は省略され，出版年と（必要に応じて）ページ数だけのことがあります。

【1 a】著者名の姓は，ローマ字で表記されるのが常です。引用・参照が和書だけでなく，洋書も混ざることが多いので（日本語の文献であっても）ローマ字表記されるのです。カ

ッコ記号には，丸カッコや角カッコが使われます。著者の姓と出版年のあいだは，コンマ（あるいはピリオド）で区切ってもいいし，記号を入れずに続けてもいいのですが，出版年とページ数のあいだは，必ずコンマ・ピリオド・コロンなどで区切りを入れます。

　出版年は西暦でしるし「年」の文字は付けません。ページ数には，冒頭にローマ字で小文字の「p.」を置くこともあるし，何も付けないこともあります。

　同一著者が，同一年に複数の著作を出版している場合は，出版年にローマ字で小文字の「a」「b」「c」を順に配し，［NONAKA 2016 a］［NONAKA 2016 b］のように区別します。

　翻訳書の場合には，たとえば［POTER 1980，訳書 p.176］のように，ページ数の前に「訳書」の文字を置きます。複数著者の場合は，第一著者の後に「ほか」の文字を添えます。

【1 b】「著者名方式」による，本文での引用・参照箇所の事例を，下記に示します。
　例　引用の場合
　　……大田俊寛［2009, p.23］は「マンダ教においては，洗礼という儀式が共同体祭儀の中心を占めている」と述べている。しかしながら……
　例　参照の場合
　　……大田俊寛も指摘しているように，マンダ教では洗礼という儀式が共同体祭儀の中心だと考えられる［OHTA 2009, p.23］。しかしながら……

【2】「著者名方式」による，文献リストの記述例を下記にしるします。記述の仕方にはやはり異同があり，学問分野ごとに多様なスタイルがあります。一例として，記載は著者名をローマ字表記にして，姓のアルファベット順とします。名は，一律にイニシャルとする場合もあります。著者名の直後には文献の出版年を角カッコで挟んでしるすのですが，引用・参照した該当ページ数を，この文献リストのほうで記述することもあります。

　　Momota, Akihiko [1987] 日本新聞通史．第2版（新泉双書125）新泉社．
　　Mori, Jun [1996] 熱工学先端の展望．日本機械学会誌．34(4)．
　　Ohta, Toshihiro [2009] グノーシス主義の思想．春秋社，p.23．
　　Patterson, S. [1968a] *Typography*, Cambridge University Press，pp.44-45．
　　Patterson, S. [1968b] *Letter Form*, Nattali & Maurice，pp.23-25．

以上みてきたように，引用・参照した文献の示し方には「番号方式」と「著者名方式」があり，そこでの記述方法にも多くの異同が認められます。それゆえに論文であれば，投稿先の学術雑誌の「執筆要項」や「投稿規程」にのっとって書式を統一させることが肝要です。本章で示した事例には，いろいろな書式が混ざっていることに，注意してください。次の第11章では，論文の検索方法を述べます。

10 演習問題 学術論文（2）後付

問い1 論文に関する記述で，正しいものをすべて選び，冒頭の数字を○印で囲め。

1 学術雑誌の掲載論文は，神のしわざにも類比されるほどの芸術的な独創性が表現され，読む人の感情を深く揺さぶるものでなければならない。
2 論文を学術雑誌上に発表する理由は，まだ誰も発見していないことを発見したという先取権を確保することにある。
3 論文の標題・著者名・抄録・キーワードに英文が併記されているのは，研究者共同体での優勢な言葉を使って，学問の普遍的な成果を世界中に知らしめたいからである。
4 学術論文は，標題・抄録・本文というかたちで構成されているので，本文を結論部分まで読み進めてみて初めて，著者の主張の全貌が判明する。
5 抄録の字数（語数）は学術雑誌の投稿規程によって異なるが，たとえば和文で400字以上，欧文では200語以上というような，字数（語数）の下限の指示がある。

問い2 次の図書館員の対応で，根本的に不適切である点を指摘し，改善策を示せ。
公共図書館のカウンターで，高齢者に対応している場面を想定。

高 齢 者「OPACで，主題からの資料探索を試みたのですが，検索結果の件数が余りにたくさん出てきてしまいました」
図書館員「検索結果を絞り込むといいですね。当館のOPACにはその機能があります。画面の脇のところに，再検索のための指示があるのを見つけられますか」
高 齢 者「見付かりました。確かにキーワードの候補が表示されています」
図書館員「最初に入力したキーワードの，上位語に当たる言葉はこれこれだと指示されているので，こうした言葉で再検索してみれば，より検索ノイズを防ぐことができます」
高 齢 者「なるほど。やってみます」

問い3 下記の事業や団体について該当する記述を右側から選び，●印同士を直線で結べ。

Europeana ●
（ヨーロピアーナ）

● 世界的な規模の書誌ユーティリティであるOCLCが，ネット上で提供している総合目録データベース。参加する各国図書館の蔵書を検索できる。

DPLA ●
（ディーピーエルエイ）

● 欧州連合（EU）全域の，デジタル化された文化遺産を集めて公開する情報基盤事業。域内の図書館・博物館・文書館のデータベースを統合的に検索できる。

Internet Archive ●
（インターネット＝アーカイブ）

● 米国各地の図書館・博物館・文書館の有するデジタル＝コンテンツを集約し，無料かつ利用の制約のないアクセスを市民に提供する情報基盤事業。

HathiTrust ●
（ハーティ＝トラスト）

● 書籍のデジタル＝データを保存するための共同アーカイブ事業。Googleブックスのプロジェクトに参加した，米国の大学図書館によって始まった。

WorldCat ●
（ワールド＝キャット）

● 米国の非営利団体。Wayback Machine（ウェイバック＝マシン）を運営，世界中のウェブ＝ページを保存し閲覧サービスを提供している。

問い4 下記の記述の空欄には，「実用的文章」か「文学的文章」の，いずれかが入る。実用的文章という言葉が入る場合はローマ字の「A」を，文学的文章には「B」をしるせ。

　文章は，大きく実用的文章と文学的文章に分けることができる。①＿＿＿＿＿は論理的，つまり内容が筋道立っていて分かりやすい文章であるのに対し，②＿＿＿＿＿は作者の主観的な心情が吐露されており，ある人には感銘を与え別な人には嫌悪感をもたらすなど，読む人に多様な解釈の余地を残すものとなっている。

　読者対象からみれば，③＿＿＿＿＿は不特定多数の人々に向けたものだが，④＿＿＿＿＿は特定の者に読んでもらうことを想定し，その人に理解してもらおうと努め，読んだ相手に何らかの反応を期待している。入学試験や入社試験での小論文，学校や会社に提出する課題レポートや報告書，それに研究成果を公表する学術論文などは，いずれも⑤＿＿＿＿＿であり，すべてが認証や評価の対象となる。

　ただし，⑥＿＿＿＿＿は文（センテンス）・段落（パラグラフ）・文章（テキスト）のしっかりした枠組みを形づくり，守るべき約束事にしたがえば，だれもが一定の水準に達することができる。

 学術論文（3）論文検索
雑誌記事索引，引用文献索引，インパクト＝ファクター

11.1. 研究活動

【1】研究活動は，研究テーマをもつことから始まります。研究テーマの輪郭が定まれば，関連する領域も含めて，先行研究（previous studies）の論文が探索され，ILLサービスや全文データベースを通じて原報のコピーが入手され，読み込まれます。

どのような現象や実態が未だ分かっていないのかを見定め，研究テーマを問題提起のかたちに改めて，設定します。その問いに応えるべく，仮説を構築して研究が始まります。みずからの仮説が正しいか否かを，自然科学であれば，実験や観察を織りなすことで検証するのです。社会科学であれば，社会調査（統計手法や事例研究）が行なわれ，人文学であれば，資料が渉猟され文献調査が繰り返されます。そのうえで，研究成果が生み出されれば，論文に即刻まとめられて学術雑誌に投稿されます。

【2】論文は，研究者による自発的な投稿というかたちをとりますが，その掲載にさいしては**査読制度**（referee system）を通過しなければなりません。投稿論文の内容を，査読者（referee）が吟味して掲載の可否を判断する制度です。裁定は「採録」「修正のうえ再投稿（再審査）」「棄却」という，三パターンで下されます。

査読者は，通常は二〜三名で，論文執筆者と同じ専門分野で十分な経験をもつ研究者が雑誌の編集委員会によって選ばれます。査読者の氏名は論文執筆者には知らされず，論文執筆者の個人情報も査読者に伏せられます。ただし，査読者のほうが論文内容から執筆者を特定できてしまったり，執筆者側でも自分の論文の査読に適任と考える査読者候補を編集部に推薦したりといったケースがみられ，匿名性の確保は難しくなっています。

ともかくも，高度に専門化した学術分野で当該論文に評価が下せるのは，同じ領域に精通している研究者をおいて他にはいないのです。いわば同業者評定（peer review）によって論文の値打ちが決まり，その分野の学術的な水準を保っていることになります。

【3】研究者の業績評価は，査読制度のある学術雑誌に掲載された論文（査読付き論文）の本数で決まります。査読制度のない商業雑誌への掲載は，たといどんなに知名度があっても，昇進資格審査などでは有効なものとなりません。米国では査読付き論文の生産性が

奨励され「Publish or Perish（パブリッシュ＝オア＝ペリッシュ）」と言われてきました。この英語の格言は，二つの命令文が接続詞「or」で連結されています。英語の「publish」は「出版する」「公表する」，もう一方の「perish」は「滅びる」「枯れる」「腐る」といった意味です。日本語訳は定まっていないのですが，本書では「論文を発表せよ，そうでないのなら，消え去れ（研究活動の場から退場せよ）」と訳出しておきます。

【4】投稿対象の学術雑誌は，おおむね三種類に分けることができます。

学会誌は，専門分野ごとに組織された学会が，定期的に刊行する機関誌です。専門団体である協会の機関誌も含めて，学協会誌と呼ぶこともあります。査読制度を備えており，投稿論文が先取性に富んだ成果を上げているかどうかが審査されたうえで，掲載に至ります。なお「学会」という言葉には，研究者の集まりである組織としての意味と，会員の研究成果を発表する研究大会としての意味が，両様に含まれています。

紀要（きよう）は，大学や研究所が定期的に発行する機関誌です。研究紀要・大学紀要ともいいます。所属する教員や研究員の投稿論文が掲載されますが，査読制度は簡素であったり，まったく設けられていなかったりで，論文の学術的な水準には濃淡があります。学会誌は研究分野を単位に刊行され，執筆者の所属機関はさまざまなのですが，紀要のほうは，所属先は一様であっても，執筆者の専門分野は多岐にわたっています。

商業的学術雑誌は，学術的な商業出版社から発行される，世界的規模の英文誌です。専門の編集者が常駐し，査読制度を備えたうえで，商業的な利益を重視した編集が行なわれています。先取性に抜きんでた論文の掲載を目標にしており，読者の興味を引く特集記事なども編まれています。

【5】雑誌掲載によって公表された研究成果は，他の研究者によって評価を受けます。実験の再現性などが，研究者共同体ともいうべき集団のなかで検証されるのです。研究者共同体は，所属などにとらわれずに，学問上の専門的な関心を同じくし，価値観を共有する研究者などの，ゆるやかな集まりです。学会よりももう少し広い概念です。

研究者共同体で認知され，特定分野の発展にかなうと判断されたものが先行研究として蓄蔵され，他の研究者たちの研究活動にフィードバックされます。個人の知見は共同体で共有され，共同体の過去の積み重ねのなかから個人の研究活動はスタートします。

研究は，学術情報の流通・循環に支えられた，集団的な営みです。ラテン語に「巨人の肩のうえに乗る」と訳すことのできる言葉があります。先人たちが蓄えた功績のうえに立ち，それを継承することによって，新たな成果が見出せるという意味です。ただし，個人に競争の力がないと，相互協力の環のなかに入っていくことは絶えてできません。個々の人脈のなかで，競争（competition）をしつつも，協力（cooperation）をしていくという，多面的な関係性を築くことこそが，研究者共同体の核心にあるのです。

11 学術論文（3）論文検索　雑誌記事索引,引用文献索引,インパクト＝ファクター

【6】自然科学の分野には，**研究の最前線**（research front）が存在します。新しい発見や最先端の成果が研究者のあいだの競争で求められており，常に一定方向を目指して拡大深化を遂げています。

科学の直線的な進歩に対して，米国の科学史家・クーン（Thomas S. Kuhn）は，1962年の『The structure of scientific revolutions』（初版）で，**パラダイム**（paradigm）という概念を述べています。パラダイムは，動詞の活用や名詞の曲用を覚えるときの見本例の意です。語形変化を一つの語で代表させる範型のことですが，クーンはこの言葉を，研究を進めるうえでのモデル＝ケースとなるような業績，という意味で使いました。

パラダイム，すなわち当該分野の画期的な業績をお手本として学ぶことで，研究者は何をどのようにして研究を進めるべきかを会得するのです。その模範例は研究者たちのあいだでシェアされ，研究活動とは「そういうものだ」と思い込む思考回路となり，認識の枠組みが形づくられます。同じパラダイムを受け入れた研究者共同体が生まれ，一定のまとまりを保ちながら，そこでの集団的営為として，科学は発展していくのです。

ただし，クーンは既成の枠組みが新たなパラダイムに転換する事実も指摘しています。既存のパラダイムではどうしても解決できない変則事例が生まれて，にっちもさっちもいかなくなる事態に陥ったときに，変則事例の多くを解決する具体的な成果が発表されて支持を集め，多くの研究者がそのもとに集まるようになると，新たなパラダイムとみなされます。科学の発展は，実は途切れ途切れに続いてきたものだと主張しました。

11.2. 計量書誌学

【1】20世紀に起きた二つの世界大戦は，戦争遂行のために国力を総動員して行なう国家総力戦となり，相手国の国力を下げ戦意を奪うために，海運輸送を攻撃したり後方の都市への爆撃が行なわれたりしました。科学者も新兵器開発のために動員され，チームを組んで軍用研究にあたり，その成果が戦場の前線に持ち込まれて戦局を左右しました。

戦時下の軍用研究は，戦後の民生技術に引き継がれます。原爆製造の技術は原子力発電というエネルギー利用となり，ロケット兵器研究は宇宙開発プロジェクトに寄与し，軍事作戦用の計算機開発はコンピュータとインターネットの発展へとつながりました。

科学研究の規模は20世紀に大きく膨らみます。実験観測装置には巨額の費用が必要となり，もはや個人のポケット＝マネーでは手に負えない時代となりました。周辺技術をもった研究者も含めて研究チームを組むのが当たり前となり，個々のメンバーの分業的な役割分担と調整のための上下関係が求められ，タイム＝スケジュールにしたがって集団的に作業を進めていくようになります。プロジェクトを束ねるリーダーにとっては，政府や民間企業からいかに研究費を調達してくるかが喫緊の課題となったのです。

【2】研究の内部では，専門性が極度に高まって局所化したり，単一の主題領域に収まりきれずに境界を乗り越えて複数の領域にまたがった活動が行なわれたりといった現象がおきました。一つの学会のなかに数多の分科会（session）が生まれ，分科会のなかでも共通の関心をもつ人たちのグループ（affinity group）が枝分かれしていき，他の分野名を連結させた複合語の名称をもつ研究領域も相次いで誕生しました。

このような分極化や複線化の結果，科学を標榜する研究の分野はいっそう多様化し，なおかつ細分化され，そうなればなるほど，対応する学術雑誌のタイトル数は増大して，そこに掲載される論文の数も著しく膨張したのです。

学術雑誌の増大にともない，論文を始めとして，文献の生産・流通・蓄積・利用にかかわる事象を統計的に分析する，**計量書誌学**（bibliometrics）という学問分野も生まれました。論文数・雑誌数・引用回数などを計量対象に，数量的な規則性を探る研究です。ここでは，計量書誌学のなかで，代表的な「ブラッドフォード法則」を紹介します。

【3】**ブラッドフォードの法則**（Bradford's law）は，イギリスの科学博物館で図書館部門館長のブラッドフォード（Samuel C. Bradford）が，1934年に『Engineering』誌で「Sources of information on specific subjects」という論文として発表しました。

ある主題についての論文は，その多くが少数の「核となる雑誌（core journal）」のグループに集中して掲載されること，その一方で非常に数多くの「周縁的な雑誌（marginal journal）」のグループにも分散して掲載されているという状況を定式化したものです。

論文掲載数の多いほうから少ないほうへと雑誌を順に並べたうえで，論文の件数を同じにしてグループにまとめます。グループ化された雑誌の数は，第一，第二，第三のグループ順に，$n : n^2 : n^3$ ………… と増大するものの，1誌当たりに収録されている論文のグループ平均数は，第一グループに一極集中し，第二グループ以下では急落するのです。

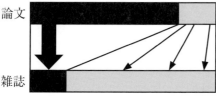

ブラッドフォード本人はこの法則で，掲載されていそうもない雑誌にさえも特定主題の論文が広く分散している点を強調したかったのですが，その意図とは逆に，特定主題が一極集中するコア＝ジャーナルの存在を見出した法則として知られるようになっています。図書館で雑誌を所蔵するさいには，テーマ別に核となる雑誌を見定めて購入すればいいという「集積の利便性」に，理論的な裏付けを与えました。

11 学術論文（3）論文検索　雑誌記事索引, 引用文献索引, インパクト=ファクター

計量書誌学では, ブラッドフォードの法則以外に, 研究者と論文の生産性との関係を定式化したロトカの法則（Lotka's Law, 1926年）, テキストに出てくる単語について, その種類と出現頻度の関係を定式化したジップの法則（Zipf's law, 1932年）があります。

実は, これらの法則はみな同じことを述べています。それは, <u>ごく少数のところに多くが集中し, それ以外の大多数のところには残りのわずかなものが広く分散しているという状況を定式化しているのです</u>。一般に「集中と分散の経験則」と総称されています。

11.3. 雑誌記事索引

【1】 学術雑誌に掲載の「論文」には, 専門的な研究成果がしるされており, 「学術論文」「原著論文」「雑誌論文」「投稿論文」などと称されることもあり, みなほぼ同義です。

これに対して「記事」は, 事実の報告や解説がメインで, 学術的な性格にはどちらかといえば乏しく「雑誌記事」「新聞記事」というように, 商業雑誌だけでなく, 新聞にも収載されます。本書では, 学術雑誌に載るのが「論文」, 商業雑誌は「記事」と区別します。

ただし, 記事という言葉を「集められた多くの著作のなかの一つ」と広義に解釈して, 論文と記事を合わせた総称として用いることがあるので, 要注意です。次項で紹介する「雑誌記事索引」での「記事」は, この総称としての用法です。

【2】 雑誌記事索引（periodical index）は, 論文・記事を対象とした索引です。<u>論文・記事を特定すれば, その論文・記事がどの雑誌に掲載されたのかを知ることができます</u>。

雑誌記事索引では, 論文・記事を標題・著者名・主題などで探索し, その存在が特定できれば, 併せて掲載誌に関するデータ, すなわち誌名・巻号次（年月次）・掲載ページ数なども一緒に知ることができるものです。論文・記事（記事A）のほうから掲載誌（雑誌B）のデータを探索できるというのが, 雑誌記事索引の本来の機能です。特定の論文・記事が確認できれば, 論文・記事のデータと掲載誌のデータとは並んで表示されます。

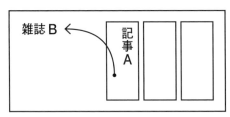

【3】 学術雑誌では, 自誌に掲載した論文・記事についての雑誌記事索引を作成します。巻の単位でまとめて主題別に再編成し, その巻の最終号に掲載したり, 一定期間の雑誌記事索引をとりまとめた累積版を, 別冊や増刊号に仕立てて刊行したりしています。

雑誌記事索引のみを収載した冊子体が，雑誌記事索引誌です。代表例は，国立国会図書館の編纂する『雑誌記事索引』ですが，1974年に冊子体での刊行を中止してからは，同館のNDL ONLINEのなかで（遡及分も含めて）引き続きデータを検索できます。

11.4. 引用文献索引

【1】 **引用文献索引**（citation index）は，論文に引用されている文献（論文や図書）を対象とした索引です。ある文献が，どの論文で引用されているかを探すことができます。

先行する文献（文献A）が，後続の論文（論文B）のなかで引用されているとき，文献Aは引用文献と呼ばれ，その書誌事項のリストは，論文Bの巻末に掲載されます。引用文献索引は，（論文Bに引用されている）文献Aを手掛かりとして，（文献Aを引用している）論文Bを探すことのできるツールです。

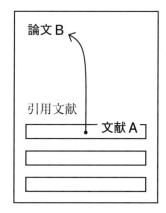

論文Bは，文献Aを引用している

文献Aは，論文Bに引用されている

引用文献索引では，引用されている文献の著者名が見出し項目として音順に配され，そのもとで，引用されている文献の掲載誌のデータ（雑誌名・発行年・巻号次・ページ数など）が示されています。そこから，その文献を引用している論文のデータ（著者名・雑誌名・巻号次・ページ数・出版年など）がリストアップされているものです。

【2】 引用文献索引は，ガーフィールド（Eugene Garfield）が創案しました。米ジョンズ＝ホプキンス大学のウェルチ医学図書館で，コンピュータによる索引法の開発プロジェクトに参加していたおりに，シェパード＝サイテーション社（Shepard Citation）の発行する「判例引用集」に出会って着想を得たのです。

アメリカの裁判では，法律（制定法）は一般的なガイドラインに過ぎません。裁判所は過去の判例を法的根拠に重用して，当該事案の判決を下します。数多くの事案の一つひとつに対処した，豊富な判例の積み重ねでもって，法的根拠が具体的かつ詳細に定められていきます。いわば，裁判官が法律（判例法）を形づくるのです。

11 学術論文（3）論文検索　雑誌記事索引，引用文献索引，インパクト＝ファクター

そのため，多数にして多様な判決を生み出す裁判所を全国各州にかかえているアメリカの風土にあっては，判例同士の相互関係を明らかにできる判例引用集こそ，必要不可欠とされてきました。ある判決が，その後に別の判決でどのように追認されたか（affirmed），くつがえされたか（over-ruled），疑問を付されたか（questioned）などをたどることができるツールです。

判例引用集は，時々刻々と判例が生産され，不断に書き換えられていくなかで，関連事案にかかわる法的根拠の「（現時点での）最前線」を追跡することができます。

【2a】 ガーフィールドは，判例引用集から論文相互の関連性を類推したのです。先行文献Aが後続論文Bのなかで引用されているとき，文献Aと論文Bとは，お互いに主題のうえで関連性があるはずなので，先行する文献Aを手掛かりにすれば（文献Aを引用していて）類似の主題を扱っている，別な論文（つまり論文B）が検索できるはずです。

このような，論文の引用・被引用の連鎖を追いかけていくことによって，特定主題に関する研究活動の「（現時点での）最前線」が判明するのではないかと，ガーフィールドは考えたのでした。この発想をまとめて，1955年に「Citation indexes for science」という論文を，雑誌『Science』に発表します。

【2b】 ガーフィールドは自分のアイデアを実現させるべく，1958年にInstitute for Scientific Information社（ISI）を設立。『Science Citation Index』を始め，冊子体の引用文献索引誌を創刊するなどの事業を手がけました。

その後の1992年に，ISI社はカナダの情報サービス企業・トムソン社（Thomson）の傘下に入ります。トムソン社は2008年にイギリスの通信社・ロイター社（Reuters）を買収したことで，以後はトムソン＝ロイター社（Thomson Reuters）として活動，引用文献索引は「Web of Science」という名称のデータベースになりました。

ところが，2016年にトムソン＝ロイター社は，「Web of Science」を含む，特許と学術論文の関連事業を二つの投資会社に売却。これにより，クラリベイト＝アナリティックス社（Clarivate Analytics）という新会社が設立され，「Web of Science」を始めとする学術事業は，この新会社のもとで引き続き運営されています。

【3】 引用文献索引におけるガーフィールドの発想は，論文のあいだの引用・被引用の関係を追いかけて，特定主題の「（現時点での）最前線」を確認したいというものでした。ただ，そもそも引用とは他の研究者から注目され評価されたという事実を示すものです。したがって，数多く引用されている論文は，おおむね重要な論文だと考えることができます。引用文献索引を活用して調査してみると，優れた内容をもつと評価の高い文献は，他の論文に引用された回数（**被引用回数**）もまた多いことが実証されました。

引用文献索引は，論文のあいだの引用・被引用の連鎖を探すだけではなく，論文の被引用回数をカウントするツールともなったのです。引用される回数の多寡が，内容の優劣と密接なかかわりがあると判断されたことから，研究者の業績評価にも影響が及びました。先に，研究者の業績評価は，査読付き論文の本数で決まると述べたのですが（本章 p.096参照），それ以上に，被引用回数のほうを重要な指標にすべきという気運となりました。

　ただし，論文を多産する研究活動が続いてこそ，被引用回数を多大に算するような，卓越した内容をもつ一本の論文は，生まれます。研究の「量」においても図抜けた実績をもつことが転化することで，真に「質」の高い成果はもたらされるのです。

【4】インパクト＝ファクター

ガーフィールドはさらに，雑誌別に算出した1論文あたりの被引用回数の平均値を，インパクト＝ファクター（impact factor）と名付けて，学術雑誌の影響力（impact）を格付けする指標としました。インパクト＝ファクターは，ある雑誌に載った1本の論文が，一定期間に平均何回，他の論文に引用されたかをカウントした数値です。

　インパクト＝ファクターは，雑誌の3年分のデータから計算されます。対象とする年の，前年と前々年に掲載された論文の総数を分母におき，分子には対象とする年にその過去2年間の論文が引用された延べ回数をおいて，除算するのです。

前々年	前年	対象年
掲載論文の総数100本	100本	過去2年間の論文すべてがこの年に引用された回数500回

$$\text{インパクト＝ファクター} = \frac{500}{100+100} = 2.5$$

『Nature』や『Science』あるいは『Cell』といった雑誌のインパクト＝ファクターは非常に高く，大学の紀要などはほとんどゼロであるところから，意欲的な研究者たちはこぞってインパクト＝ファクターの高い学術雑誌に投稿するようになります。自身の論文の引用される確率が高まることとなり，比較優位を獲得することで最終的に業績評価へとつながるからです。研究者のあいだではインパクト＝ファクターの高い雑誌を目指して競争が激化し，とりわけ先取性に卓出した論文だけが淘汰されて掲載されることにより，当該雑誌のインパクト＝ファクターはさらに向上するという好循環を生み出しています。

　インパクト＝ファクターは，クラリベイト＝アナリティックス社の提供する「Journal Citation Reports（JCR）」という学術雑誌評価のためのデータベースに収録されています。このなかで，毎年の夏の初めに，前年のインパクト＝ファクターが雑誌別に公表されます。次の第12章では，全文検索について述べつつ，索引技法を深く掘り下げることとします。

■

11 演習問題 学術論文（3）論文検索

問い1 次の文章の空欄に当てはまる，もっとも適切な語句を，解答群から選んでしるせ．

　研究者は大学や企業などを勤務先としながら，分野別に組織された①＿＿＿＿＿＿に帰属して研究活動を行なっており，新たな成果が得られれば②＿＿＿＿＿＿による審査のある学術雑誌に投稿し掲載を求める．研究の成果は発表されて初めて完結するものであり，発表されなければ，別の研究者が成果をあげて③＿＿＿＿＿＿を得ることになる．ただし④＿＿＿＿＿＿の法則が示すように，多産な研究者は少数に偏っている．

　研究者の業績は，英語の格言である⑤＿＿＿＿＿＿にみるように，雑誌論文の本数によって決まるといってよい．近年では，単なる掲載論文数ではなく，その論文の⑥＿＿＿＿＿＿を評価の基準とするようになった．それは，後続の研究者たちの注目度が高いことを示しており，それだけ重要な成果であることを意味しているからだ．

　雑誌の影響度を表す指標として⑦＿＿＿＿＿＿があり，対象とする年の，前年と前々年に掲載された論文の被引用回数を，それらの論文の総数で除算して求める．この指標の高い雑誌に論文が掲載されれば，論文そのものの注目度もおのずと高まる．

解答群　政府系機関，学会，レフェラル，レフェリー，採録権，先取権，任命権，Patent and Prosper，Publish or Perish，計量書誌学，被引用回数，引用回数，インパクト＝ファクター，ブラッドフォード，ロトカ，ジップ

問い2 ごく少数に大半が集中し，大多数には残余がわずかずつ分散しているという，集中と分散の経験則がある。これに類似した法則や現象をすべて選び，冒頭の数字を○印で囲め。

1 ある主題に関する論文を収集する場合，主要雑誌を集め終わった後は，1雑誌あたりに掲載されている該当論文数がしだいに減っていくという経験則。

2 高温物体と低温物体を接触させると，熱はひとりでに前者から後者に移動して，温度が一様になると変化は止み，逆は起こらないという熱力学の第二法則がある。このとき，分子の乱雑さの度合いをエントロピー（entropy）と呼んでいる。この第二法則を援用することにより，閉じた系では時間とともに無秩序の度合いが増大するというエントロピーの法則。

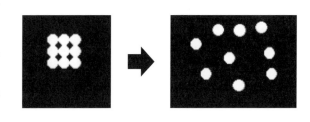

3 一つの重大な労働災害の背後に29の軽微な事故があり，さらにその背景には300の事故一歩手前の事例（ヒヤリ・ハット）が存在するという，ハインリッヒの法則。

4 市場（マーケット）のなかでの占有率（シェア）がもつ意味合いを分析した，クープマンの目標値。73.9％以上の独占的シェアならトップの地位は安泰で簡単に逆転されることはない。41.7％の相対的トップの占有率ならその地位はほぼ安定。ところが26.1％の市場影響シェアになるとトップの地位は不安定になり，19.3％になると拮抗状態に陥るという説。

5 ネット通販では，売れ筋以外の商品でも品目を幅広く取りそろえることで，少量ずつ広範囲に売れていくという，ロングテール現象。アメリカの雑誌『Wired』の編集長（当時）のクリス＝アンダーソンが2006年に提唱した。

6 社会の富は最富裕層の1％に偏在しているとして経済格差の是正を求める，2011年にアメリカで起きた「ウォール街を占拠せよ」事件。

11 演習問題　学術論文（3）論文検索

問い3 下記の設問に対してもっとも適切な回答を選び，冒頭の数字を○印で囲め。

【1】 学術論文のタイトルや著者名に，英文を併記するのはどうしてか。
1. 学問の成果を特許として囲い込む目的で，知的財産権に関係する弁護士のもっとも多いアメリカの言語を用いているため。
2. 学問の成果は普遍的なところから，世界中に広く知らせる目的で，研究者のあいだで優位な勢力をもつ英語を用いているため。
3. 学問の成果の先取権を確保する目的で，構文や文法などの観点から言語として優れていると判断される英語を用いているため。

【2】 査読制度のレフェリーを，同じ分野の同業者が務めるのはどうしてか。
1. 研究の助成金は高度に専門分化している分野ごとに配分されているところから，同じ分野で一丸となって研究資金の確保を目指しているため。
2. 高度に専門分化している学問の研究は，徒弟制度によって受け継がれているところから，新たな知見かどうかは指導教官の裁量に一任されているため。
3. 学問の分野はそれぞれに高度に専門分化しているところから，新たな知見かどうかは，その分野でキャリアのある研究者にしか判断できないため。

【3】 雑誌，とくに商業雑誌を一定の年限で定期的に廃棄してしまうのはどうしてか。
1. 雑誌は，新鮮な情報を速報するもので外装上も長期保存に適したものとなっていないところから，利用年限は限定的なものと判断されるため。
2. 雑誌は，バックナンバーが蓄積されてくると，それが図書館の保存スペースを圧迫し，新しく受け入れてくる図書の置き場がなくなってしまうため。
3. 雑誌は，利用者のリクエストに合わせてひんぱんに購読タイトルを入れ替えるところから，継続から外れて購読の途絶えたものが大量に発生してしまうため。

■

12 学術論文（4）全文検索
単語インデックス方式, 文字インデックス方式, 索引技法

12.1. 全文検索

【1】**全文検索**（full-text search）とは，検索したい語句が，検索対象のテキスト全体のなかで，どこに出現しているかを探し求める技術です。任意の文字列を，対象とする膨大な文字の並びのすべてと照合していって，高速に，漏れなく，少ない手間で見出すことを目指します。

情報検索は，手掛かりとする検索キーワードと，蓄積された索引キーワードとの突き合わせでした。キーワード同士の，つまり，文字列と文字列とのあいだのマッチングだったのに対し，全文検索の対象は，キーワードとして集約されてはいない，かなり長大な文字列です。英語表記で「search」の語が使われているように，本来は「全文探索」と訳すべきですが（第2章 p.010参照），本書では慣用にしたがうものとします。

【2】コンピュータの記憶容量が格段に向上していったことで，検索対象である文書の「全体」をデジタル化して蓄積可能となりました。学術論文を始め，新聞記事・裁判判例・特許事案・議会議事録など，長文の一次情報がまるごとコンピュータに格納できたことで，それらのもつ文字列「すべて」が，全文検索の対象となったのです。

一次情報の「全文」をデジタル化して収録したデータベースのことを，全文データベース（full-text database）と呼ぶことがあります。全文検索は，この全文データベースを対象とする情報検索だと解釈することができます。

全文検索には多様な方法が提案されていますが，そのアプローチは，大きく「逐次検索型」と「インデックス型」とに区分できます。本章では，逐次検索型について紹介した後に，節を改めてインデックス型の代表的な二つの手法を見ていくこととします。

【3】全文検索の「逐次検索型」は，検索したい語句が与えられるたびに，対象のテキスト全体を調べていくという方法です。

もっともシンプルな方法は，検索したい語句を，検索対象のテキストの先頭から順番に比較していくものです。まず検索したい語句の1文字目だけを，対象テキストと照合します。1文字目と合致する文字を発見したら，その次に位置する文字と，検索したい語句の

12 学術論文（4）全文検索　単語インデクス方式，文字インデクス方式，索引技法

2文字目を照合させます。合致したら3文字目というように，1文字ずつの照合を，検索したい語句のすべての文字が合致するまで繰り返していきます。

　このように1文字ずつシラミつぶしに照合を行なっていく方法は，どうしても検索速度が遅くなります。そこで，検索したい語句をあらかじめ精査しておき，その知識を使って，対象テキストは全部見ずに，とびとびで合わせていくという方法が提案されました。検索したい語句にまったく出現しない文字は何か，そこに2回以上出現するサブパターンはあるか，などを事前に調べます。そして，検索したい語句の文字列を逆順で照合していき，文字と文字がマッチングしていないと分かれば，文字列の長さ分だけ，どんどん読み飛ばしていくという方法です。

　逐次検索型は，いずれにせよ毎回テキスト全体を調べる必要があるので，検索時の計算量は文書のサイズに比例していき，対象テキストが膨大な場合は，時間もコストもかさみます。ただし，文書が頻繁に更新されるようなケースで全文検索を行なうには，逐次検索型が適しています。たとえば，インターネット閲覧ソフトで開いたページのなかで，任意の文字列をそのつど検索する「ページ内検索」機能や，ワープロ=ソフトで作成した文書のなかで，任意の文字列を検索したり，その検索した文字列を別の文字列に置き換えたりする「検索・置換」機能には，逐次検索型が使われています。

【4】全文検索の「インデクス型」は，検索対象の文書を分析し，前もって「索引」を構築しておいて，検索時はこの索引を利用して調べる方法です。索引は，対象テキストから切り出された索引キーワードと，その索引キーワードが対象テキストのどの位置に出現しているかという位置情報とを組み合わせることで，構築されます。

　毎回テキスト全体を調べる必要はないところから，大規模な文書に対しても高速な検索が実現できます。その一方で，文書の追加や削除が発生するたびに，索引もそれに合わせて更新する必要があります。また，テキスト本体に加えて，構築した索引も保存しておかなければなりません。索引の規模は，対象テキストの容量と同等か，それより大きくなってしまう可能性もあります。

　Googleに代表される検索エンジン（search engine）は，インデクス型の技術を使って，インターネット上のウェブ=サイトを検索しています。英語の「engine」は原動力という意味ですが，ここでは，繰り返しの作業を高速に行なうプログラムを指しています。世界中のウェブ=サイトを対象に（リンクをたどって）特定のソフトウェアを走らせてデータ収集し，定期的に索引を更新して検索機能を提供しています。その処理作業を自動車のエンジンが高速回転する様子になぞらえたのです。

　インデクス型の代表的な手法について，次の第2節で「単語インデクス方式」を，第3節で「文字インデクス方式」を説明します。とくに「単語インデクス方式」に関しては，その関連分野である「自然言語処理」の研究についても触れています。

12.2. 単語インデックス方式

【1】 単語インデックス方式を支える学術研究の存在を，まず説明します。

コンピュータに単に文字列を認識させるだけではなく，単語の区切りを識別させたり，単語相互の結び付きを認識させたり，その結び付きが表している文章の意味を理解させたりする学問の分野があります。このような研究は，**自然言語処理**（natural language processing）と呼ばれています。自然言語処理では，人間の日常的な言語現象をコンピュータ上で処理する技術を含め，「形態素解析」「構文解析」「意味解析」「語用論解析」という四つの段階が設けられています（日常の言葉を「自然言語」とあえて呼ぶのは，プログラミング言語のような「形式言語」と対比させているからです）。

自然言語処理のうち，**形態素解析**（morpheme analysis）では，言葉を運用するうえでの最小の単位である形態素（morpheme）を解析します。形態素とは，日本語ではおおよそ「単語」に相当する概念です（ただし，単語を構成する語幹や接頭辞・接尾辞は，形態素として分割されるように，両者には若干の相違があります）。

日本語のテキストはベタ書きなので，まず形態素の区切りを見出し，次にその品詞が確定され，さらに活用・曲用が分析されます。形態素の範囲がどこからどこまでかを判断するのは，コンピュータに内蔵されている「単語辞書」との突き合わせです。単語辞書には，単語の表記，読み，品詞，活用・曲用などのデータが収録されています。

【2】 全文検索の**単語インデックス方式**では，ベタ書きの文章全体を（「単語辞書」を参照しながら）運用上の最小単位である形態素へと分解して，索引キーワードを生成します。自然言語処理における形態素解析の技術が応用されているのです。たとえば，「社会の仕組みについて書いた本です」という文章は，次のように形態素に分解されます。

　　|社会|の|仕組み|に|つい|て|書い|た|本|です|

形態素に分解されたそれぞれの語句が索引キーワードとなり，その語句の出現情報と組み合わされます。出現情報は，テキストのレコード番号に，そのテキスト内での出現位置が連なっています。上記の，「社会の仕組みについて書いた本です」という文章のレコード番号を，「＃200」とすれば，索引キーワードと出現情報は次のようになります。

　　「社会」　　［＃200：1］
　　「の」　　　［＃200：2］
　　「仕組み」　［＃200：3］
　　「に」　　　［＃200：4］
　　　　（以下，略）

【2 a】形態素解析では，分解した形態素に対して品詞の解析も行ないます。このとき，接続詞や助詞，動詞の語尾，といった言葉を**ストップ=ワード**（stop word）とみなして，索引キーワードには登録しないということも可能です。ストップ=ワードとは，冠詞・前置詞・接続詞・代名詞などのように，テキストのなかに頻出するものの，それじたいには実質的な意味を持たず，キーワードとしての特定性に欠ける言葉をいいます。

　前ページの事例で，分解した形態素のうち品詞が名詞のものを残して，他はストップ=ワードとして除去すると，次のようになります。索引は格段にコンパクトになります。

　　　「社会」　　［＃200：1］
　　　「仕組み」　［＃200：3］
　　　「本」　　　［＃200：10］

【2 b】形態素解析による文の分割は，「自立語単位」での分かち書き（第5章 p.039参照）とほぼイコールです。単語インデクス方式は，自立語と付属語のあいだに切れ目を入れて分かち書きを施し，場合によっては付属語をストップ=ワードとして索引キーワードには登録しないという方法なのです。

　分かち書きの方法にはもう一つ，文章上の内容的な切れ目を重視した「文節単位」で区切るものがありました。たとえば「について」という言葉は，格助詞の「に」と，動詞語幹の「つい」，そして動詞語尾活用形の「て」という形態素に分解することができます。これでは細か過ぎて扱いづらいので，「に」は直前の名詞「仕組み」に付加し，「ついて」を一つの形態素として扱うという考え方も提唱されています。分かち書きでの「文節単位」のように，より自然な意味上の区切りを重視するのです。

　いくつかの自立語と付属語を組み合わせて形態素相当として扱う，新たな単語インデクス方式では，前ページの事例は下記のようになり，より自然な区切りが可能です。正確には，形態素解析による「文節インデクス方式」と称することのできるものです。

　　　社会の｜仕組みに｜ついて｜書いた｜本です

この文章のレコード番号を，やはり「＃200」とすれば，索引キーワードと出現情報は次のようになります。

　　　「社会の」　　［＃200：1］
　　　「仕組みに」　［＃200：2］
　　　「ついて」　　［＃200：3］
　　　「書いた」　　［＃200：4］
　　　「本です」　　［＃200：5］

【3】 自然言語処理で，「形態素解析」に続く，「構文解析」「意味解析」「語用論解析」という段階に関しても概略を述べておきます。

構文解析（syntax analysis，統語解析ともいう）は，単語の単位，あるいはその上位にある句や文節といった単位に区切りながら，文がどのように構成されているかを，特定の文法規則に基づいて解析します。文法規則としては，文が名詞句や動詞句などの句の組み合わせで構成されるとする句構造文法や，形態素のあいだの係り受けに着目した依存文法などが用いられ，文法的な構造が解析されるのです。たとえば「仕事できました」という表現は，まず形態素解析で二通りに解釈されます。

　　「仕事・でき・まし・た」
　　「仕事・で・き・まし・た」

これを句構造文法という文法規則で構文解析すれば，次のようになります。

　　「仕事//でき・まし・た」
　　　→名詞句（名詞「仕事」）＋動詞句（動詞「出来」助動詞「まし」助詞「た」）
　　「仕事・で//き・まし・た」
　　　→名詞句（名詞「仕事」助詞「で」）＋動詞句（動詞「来」助動詞「まし」助詞「た」）

【3a】意味解析（semantics analysis）では，文中の単語の概念を明確にし，単語と単語で構成される意味のうえでの妥当性を解析します。内蔵する「単語辞書」には，単語識別だけではなく，単語それぞれの意味的特徴についてもデータを与えておきます。単語同士の関係性を明確にして，文の意味を正確に把握できるように解析するのです。この意味解析で，次の二つの表現に関する意味の相違を認識できます。

　　「林檎と蜜柑を食べる」
　　「妹と蜜柑を食べる」

あるいは，次のような表現を誤用として識別できるようになります。

　　「林檎と妹を食べる」

【3b】語用論解析（pragmatic analysis，文脈解析ともいう）では（一つの文ではなく）複数の文から成る文章にまたがって解析が行なわれます。指示代名詞の照応を明らかにしたり，主語や目的語の省略を補完したり，比喩を理解したりといった解析です。

たとえば，「油を売る」という文について，それは「石油を販売する」ことなのか，それとも「仕事をさぼる」ことなのかが，その場の状況描写や前後の文脈によって解析されるのです。ただし，語用論解析の処理はかなり複雑になるので，十分な実用化に耐えうるとは必ずしも言えません。

以上のような自然言語処理の成果は，仮名漢字変換処理，文書校正支援，機械翻訳など，広くコンピュータの応用技術に用いられています。

12.3. 文字インデクス方式

【1】全文検索の**文字インデクス方式**は，文中から文字位置を1文字ずつ進めた「N個の文字の連鎖（N-gram）」を順に取り出して，索引キーワードとするものです。

「N文字インデクス方式」「Nグラム＝インデクス方式」とも呼びます。英語の「gram」は，一般には質量の単位の「グラム」を意味するものですが，ここでは語句や文章のなかで隣接する（わずかな）文字の数を指しています。2 gram（bi-gram，バイグラム）といえば2文字の連鎖，3 gram（tri-gram，トライグラム）は3文字の連鎖です。

文字インデクス方式は，N個の文字の連鎖を一つの単位として扱い，テキストの先頭からそのN文字の連鎖を，1文字ずつずらしながら次々と切り出して，索引キーワードとして登録します。1文字ずつずらしながら，というのがポイントで，先の事例において，1文字の連鎖，2文字の連鎖，3文字の連鎖は，次のようになります。

1文字	社	会	の	仕	組	……
2文字	社会	会の	の仕	仕組	組み	……
3文字	社会の	会の仕	の仕組	仕組み	組みに	……

2文字連鎖の文字インデクス方式（バイグラム＝インデクス方式）で，対象の文章のレコード番号をやはり「＃200」とすれば，索引キーワードと出現情報は次のようになります。

「社会」　［＃200：1］
「会の」　［＃200：2］
「の仕」　［＃200：3］
「仕組」　［＃200：4］
　　（以下，略）

形態素解析では，日本語に対して自然言語処理を行ない，特殊な解析手法や単語辞書の登録・更新が必要不可欠となります。これに対してN文字インデクス方式では，機械的に文字列を分割していけばいいので，メンテナンスは不要です。

【2】N文字インデクス方式では，N文字を要素として索引キーワードが作成されるところから，同じ文字数であるN文字の検索キーワードに対しては，検索漏れは起こりません。ただし，「N＋1」文字以上の検索キーワードに対しては，話が違ってきます。

2文字インデクス方式で，3文字の検索キーワード「東京都」を入力したとします。この「東京都」という検索キーワードのほうも，2文字連鎖の「東京」と「京都」に分割されて，該当する索引キーワードを順次探し当てることになります。

このときに，たとえば「東京のなかの小京都」といったテキストであれば，「東京」と「京都」を含んでいるために合致させてしまい，「東京都」という検索キーワードを入力した場合には，検索ノイズとなってしまうのです。

　　　検索キーワード　　　　　　　索引キーワード
　　　東京都（「東京」「京都」）→　東京のなかの小京都

こうした事態を回避するために，検索エンジンでは完全一致検索あるいはフレーズ検索（第6章 p.048，051参照）の機能を追加しています。検索キーワードの文字列を，たとえば［／東京都／］のように斜線記号で挟むことで，「東京」と「京都」には分割せず，「東京都」という単一の文字列（あるいはフレーズ）となっているものに限って検索する手法です。

　Nの値を大きくして4文字連鎖，5文字連鎖といった長い文字列で索引キーワードを作成すれば，検索ノイズは回避されます。ただし，Nの値を増やせば増やすほど索引ファイルの規模は極端に大きくなってしまって，実用には耐えません。

　逆に，N = 1の1gram（uni-gram，ユニグラム）で，1文字ずつ切り出すことも可能ですが，検索速度が著しく低下してしまい，やはり実用的ではありません。実際には，2文字（あるいは3文字）インデクス方式が多く用いられています。

【2 a】N文字インデクス方式では，N文字の検索キーワードに対して索引キーワードの文字列すべてが突き合わせられることから，検索漏れはまったく起こりません。ただし，単語インデクス方式のように日本語の意味を考慮したものではないため，単純に文字列が一致していれば適合していると判断してしまう欠点があります。索引キーワードの一部分にでも合致すればヒットしますので，検索ノイズが発生するのです。

　　　検索キーワード　　　　　　　索引キーワード
　　　タイル　　　　　　　　→　　レリーフタイル
　　（粘土を焼いて作った板）　→　　ライフスタイル

読み形と表記形とが混同されて検索ノイズとなることもあります。

　　　検索キーワード（タイトル）　　索引キーワード（タイトル）
　　　ニーチェ　　　　　　　　→　　ニーチェの思想
　　（ドイツの哲学者）　　　　→　　日英同盟（ニチエイドウメイ）

上記の二番目の事例は，長音記号の有無を区別しない，外来語の小がなと直音を区別しないという，完全一致の例外規程を前提としています。コンピュータ目録では，それぞれの仕様を確認し個別の使い方を把握しておくことが肝要です。

12 学術論文（4）全文検索　単語インデクス方式，文字インデクス方式，索引技法

12.4. 索引技法

【1】 索引（index）とは，構成要素を取り出して，そこに所在指示機能を付けたリストです。本体ではなく，そのなかの構成要素を対象にリストが作成されており，同時に，その構成要素が本体のどこに位置していたのかという情報をともなっているのです。

　もっとも一般的な索引の技法は，図書の巻末の「事項索引」です。本文から重要事項を抽出してリスト化し，その重要事項が出現したページ番号と組み合わされています。重要事項は構成要素であり，ページ番号がテキスト内での所在箇所を示しています。

【2】索引の起源
西洋における学問は，キリスト教の聖書を対象に，それを読み解こうとする作業から始まりました。聖書をいかに知識として把握するかが学問の出発点だったのです。その方法論は，徹底して分析的でした。テキスト全体を細かく切り分け，文章の語句一つひとつの理解を積み上げながら全体を見渡すというものです。権威ある聖典だからこそ徹底的に細かく切り分け，切り分けた言葉を舐めるように吟味したうえで，他の言葉とのつながりを綿密に読解して，全体の包括的な理解に到達しようとしました。

　聖書がキリスト教の聖典としての権威を確立したのは，2世紀前半。当時のテキストは連続した文字列で表記された，いささか読みにくいものでした。5世紀始めには，単語の切れ目に空白を入れた分かち書きが施されるようになり，7世紀には段落を付けたり章節に区分したりすることも行なわれました。12世紀に至っては章や節の冒頭に数字を配し，重要な箇所には人差し指（index finger）のマークを書きしるすようになったのです。

　このときの人差し指マークで示された重要事項をとりまとめ，一覧表としてテキストの巻末に置いたのが，索引（index）の起源です。神の意思を徹底的に熟知したいという情熱がもたらした創意工夫でした。一覧表の配列は，当初は宗教的な価値観にしたがっていましたが，14世紀からは中立的な音素であるアルファベットの順番でなされるようになります。しかもテキストにページ番号がふられるようになったことで，重要事項とその出現箇所とを対応させる形式が整ったのです。

【3】 聖書を対象にして生まれた索引技法に，**コンコーダンス**（concordance）があります。コンコーダンスは，テキスト中に出現するすべての語句を対象として出現箇所を指示するとともに，その語句を含む前後の文脈もあわせて抽出しています。使われている言葉を網羅的に抜き出して見出し項目とし，なおかつ，その言葉を含む前後の文章を保持したままで一緒に表示しているのが特徴です。

聖書は，それ自体が完全な統一体と信じられています。それぞれの箇所が他の部分と密接に響き合いながら，調和のとれた全体を維持すると考えられているのです。

聖書の読解は，したがって個々の語句を分析して何を語っているかを明白にするとともに，別な箇所では同じ語句がどのように表現されているのかも解釈していかねばなりません。ある教義は別の章で違ったレトリックでしるされ，ある訓戒は離れたページに異なる比喩をともなって諭されているように，重要な概念はさまざまなところで繰り返され相互に関連し合いながら矛盾することなく叙述されているからです。

聖書の内部で相互に響き合う語句を，ラテン語で「コンコルディア（concordia）」と呼びました。各パーツに分かれているコンコルディアを取り出して体系的に再構成することで，神の教えは初めてその全体に理解が及ぶものと考えられたのです。その相照らし合う部分の単位を最小限の単語のレベルにまで落とし込んだ索引技法が，ここでいうコンコーダンスです。13世紀初めには生まれたと考えられています。

【4】索引は，対象とする構成要素をどのように取り出すか，抽出していかに配置するか，所在指示機能をどのように付加するのかによって，さまざまなバリエーションが生まれています。本書でも，次のような索引技法を説明してきました。

①可変長形式の区切り方法で，フィールドの出現箇所を指示するインデックス。所在指示機能が前段に配されて，構成要素はレコード内のフィールドの値（第3章 p.017参照）。
②索引付き順次編成の索引域における索引レコード（レコード番号＋アドレス番号）。レコード番号が構成要素で，所在指示機能はアドレス番号（第4章 p.026参照）。
③コンピュータ目録における索引ファイルの索引レコード（特定フィールドのデータ値＋レコード番号）。特定フィールドのデータ値（著者名やタイトル）が構成要素で，レコード番号が所在指示機能。別名で転置ファイル（第5章 p.039参照）
④学術論文で，必要に応じて付ける索引。図書の事項索引と同様（第10章 p.089参照）。
⑤論文・記事が，どのような雑誌に載ったのかを探索できる雑誌記事索引。論文・記事が構成要素で，掲載誌のデータは所在指示機能（第11章 p.100参照）。
⑥文献が，どの論文で引用されているのかを探索できる引用文献索引。引用されている文献が構成要素で，引用している論文のデータは所在指示機能（第11章 p.101参照）。
⑦全文検索のアプローチにおける「インデックス型」。フルテキストから（単語インデックス方式や文字インデックス方式で）抽出された文字列が構成要素で，フルテキストでの出現位置情報は所在指示機能（本章 p.108参照）。

索引の技法は，実にいろいろな箇所で用いられていることを，ここに確認するものです。
■

12 演習問題 学術論文（4）全文検索

問い1 次の文章の空欄に当てはまる，もっとも適切な語句を，解答群から選んでしるせ。

　全文検索は，テキストや文献のなかから，任意の文字列を探し出す技術をいう。指定したキーワードを検索してハイライト表示させるとともに，その文字列を含む文書やウェブ=サイトを取り出すことができる。

　たとえば，ワープロ=ソフトの「文字列の検索・置換」の機能には，全文検索の技術が援用されている。そのアプローチは，検索したい語句が与えられるたびに，対象のテキスト全体を調べていく①＿＿＿＿＿＿＿＿＿である。

　インターネットでのウェブ=サイトのコンテンツを収集し検索できる②＿＿＿＿＿にも，全文検索の技術は活用されている。こちらのアプローチは，事前に「索引」を構築する③＿＿＿＿＿＿＿＿＿である。日本語は語の切れ目が存在しない④＿＿＿＿＿の表記なので，⑤＿＿＿＿を切り出すには特別な方式を必要とする。

　二つの方式がある。一つは，単語や文節の区切りでもって⑤を作っていくもので，自然言語処理研究の⑥＿＿＿＿＿＿＿が応用されている。あくまでも文の意味を重視しており，人力でなされる⑦＿＿＿＿＿を自動生成しようと意図している。

　もう一つは，重複させつつ，2文字ずつあるいは3文字ずつといった，文字の連鎖で機械的に区切って⑤を作っていく⑧＿＿＿＿＿＿＿＿＿＿＿である。文字列のすべてが突き合わされることから⑨＿＿＿＿＿＿はまったく起こらないが，日本語の意味を考慮したものではないため⑩＿＿＿＿＿＿は発生する。

> **解答群**　「逐次検索型」，「インデクス型」，形態素解析，構文解析，意味解析，語用論解析，検索ノイズ，検索漏れ，検索エンジン，検索語，索引語，単語インデクス方式，Nグラム=インデクス方式，分かち書き，ベタ書き

問い2 次の図書館員の対応で，根本的に不適切である点を指摘し，改善策を示せ。
大学図書館のカウンターで，その大学の学生に対応している場面を想定。

学　　　生「『日本図書館情報学会誌』22巻4号に載った論文を探しています。OPACを検索したのですが，その号はうちの図書館にはありませんでした」

図書館員「それでは，CiNii Articlesで，検索してみてください。論文の著者名やタイトルで検索して，フルテキストも見られるかもしれません。全文が見られないようでしたら，CiNii Booksで所蔵館を確認してください」

学　　　生「ええと，フルテキストはダメみたいですが，所蔵館はというと，この近くでは，○○大学の附属図書館が所蔵しているようです」

図書館員「所蔵館が分かれば，NACSIS-CAT/ILLサービスを使って，オンラインで文献複写を依頼し，コピーの取り寄せができます。直接ご自分のお名前で，そこのOPAC端末機からインターネットに入って，申し込んでください」

問い3 下記の人物について該当する記述を右側から選び，●印同士を直線で結べ。

ガーフィールド ●
(Eugene Garfield, 1925-2017)

● 聖書を対象としたコンコーダンスに着想を得て，KWIC索引を発案するとともに，SDIサービスの技術的なコンセプトを考え出した。

トマス＝クーン ●
(Thomas S. Kuhn, 1922-1996)

● 戦時下の科学政策の推進に尽力するなか，アナログながらも情報システムの始祖型を論文上で構想してmemex（メメックス）と名付けた。

ハンス＝ルーン ●
(Hans P. Lurn, 1896-1964)

● 数学の集合論に立脚した明晰さでもって，関係型データ＝モデルを提唱し，リレーショナル＝データベースの理論を作った。

バネバー＝ブッシュ ●
(Vannevar Bush, 1890-1974)

● 科学研究は確たる世界観のもとで直線的に進むが，古典物理学から現代物理学へとシフトしたように，パラダイム転換が時として起こると唱えた。

エドガー＝コッド ●
(Edger F. Codd, 1923-2003)

● 起業して，みずからのアイデアである引用文献索引誌や目次速報誌を創刊し，雑誌の影響度の指標であるインパクト＝ファクターも考案した。

12 演習問題　学術論文（4）全文検索

問い4 次の文章の空欄に当てはまる，もっとも適切な語句を，解答群から選んでしるせ。

　1940年代のアメリカで①_____という考え方が生まれた。図書館目録のなかで，書誌記述の部分を標準化し，複数の図書館のあいだで共有しようというものだ。この考え方の要は，「標準化」と「共有」である。書誌記述の方法論が互いに合意できる基準として定められていれば，書誌情報の流通は容易なものとなる。国を単位として，標準化された②_____を作成し，それを頒布・交換することによって，国内はもとより国際的にも書誌情報の集積を可能なものにしようとした。1960年代には米国議会図書館で②を機械化するプロジェクトが進行する。1968年に③_____として完成し，翌年から磁気テープのかたちで北米の各図書館への頒布サービスが始まった。

　「標準化」の中心的役割を担ったのは，④_____である。④は，各国の図書館協会や関係機関の連合体だが，UNESCOと協力し，書誌記述のための国際的なガイドラインである⑤_____を制定する。1974年に単行書用が発表され，その後に資料種別ごとで作成されて，2011年に統合版が公表された。以後の各国の目録規則は，基本的に⑤に準拠して編成された。

　④はまた，デジタル化された書誌情報の交換のために，コンピュータ目録の国際標準フォーマットとして，⑥_____を1977年に定めている。その後の拡張を経て，改訂版も刊行された。

　一方で，「共有」の実現には新たな形態が生まれた。⑦_____である。それは，書誌情報を安定的に供給する，公益的な事業体を意味する。国立図書館が単独で②を集中的に作成するのではなく，複数の図書館がネットワークを組み，分担して書誌記述を作成するものだ。ネットワークのなかで，既成の書誌記述は共有されるのであって，参加館が必要に応じてコピーし，ローカルな所蔵事項を付加することで，図書館目録を完成させる。そこでは，おのずと総合目録データベースが形づくられることになる。

　⑦の具体例としては，1967年に米オハイオ州内の大学図書館が共同で設立した，非営利組織の⑧_____がある。1971年に54機関でオンラインの分担目録作業をスタートさせ，こんにちでは世界中にネットワーク参加館が広がっており，総合目録データベースである⑨_____を提供している。日本では，国立情報学研究所を中核とする図書館間ネットワークが，⑦に相当する。

> **解答群**　書誌コントロール，典拠コントロール，目録規則，書誌ユーティリティ，世界書誌，全国書誌，AACR 2，UNIMARC，LC/MARC，OCLC，IFLA，ISBD，ISBN，ISSN，WorldCat，NACSIS-CAT

学術論文（5）電子ジャーナル

シリアルズ=クライシス，
オープン=アクセス運動

13.1. 電子ジャーナル

【1】**電子ジャーナル**（online journal, digital journal, electronic journal）は，インターネット上で学術論文のデータを定期的に閲覧できる仕組みです。論文のフルテキストが電子化され，複数のデジタル論文が束ねられ，雑誌としてのまとまりを保って，配信事業を手掛ける出版社から継続して提供されます。1990年代に形づくられ，普及しました。

【2】電子ジャーナルは，機関購読が主流です。大学図書館や研究所など，機関の単位での契約となります。同時アクセスのできる端末数などに応じて年間の固定料金が設定され，機関に所属する人間がオンライン接続された組織内のパソコンから利用します。契約機関の敷地以外からのリモート=アクセスが許可されるオプションもあります。あるいは，ペイパービュー（pay per view）といって，アクセス権の無い個人が1論文の閲覧ごとにクレジットカードで決済するという，個人購読の方法もあります。

利用形態は，電子ジャーナル提供元のサイトに直接にアクセスして，閲覧するというものです。電子ジャーナルの「購読」とは，提供元のサイトにアクセスする権利を買うことなので，購読中止の時点で過去のバックナンバーは閲覧できなくなります。

一種類の電子ジャーナルのみを個別契約する，同等の内容をもつ印刷版と合わせて契約する，といった契約方法がありますが，機関購読で多く用いられているのは，包括契約です。**包括契約**（big deal）とは，大規模な商業出版社の発行する，数百の電子ジャーナルすべてを束ねて一括購読させるものです。すべての雑誌が必要であれば，1誌ずつ積み重ねた契約よりは割安なのですが，特定タイトルを選んで購入数を調整することはできず，契約じたいはかなり高額なものとなっています。

包括契約に対抗して大学図書館側が打ち出したのが，**図書館コンソーシアム契約**です。英語の「consortium」は，「団体の連合体」といった意味です。複数の図書館が集まって図書館コンソーシアムを結成し，出版社とのあいだで価格交渉を行なって共同購入を実現させ，購読料は加盟館のあいだで折半する方式です。日本では，国公私立大学図書館のコンソーシアム，日本医学図書館協会と日本薬学図書館協議会のコンソーシアム，国立・独立行政法人の研究所図書館によるコンソーシアムなどが結成されています。

13 学術論文（5）電子ジャーナル　シリアルズ=クライシス，オープン=アクセス運動

13.2. シリアルズ=クライシス

【1】電子ジャーナルが普及する以前に，**シリアルズ=クライシス**（serials crisis）と呼ばれる現象が起こりました。大学図書館における，学術雑誌の受入状況の悪化です。北米では1970年代から指摘され始め，日本でも1980年代以降に海外学術雑誌で問題視されるようになりました。シリアルズ=クライシスは，大学図書館の役割を低下させ，学術情報が流通する循環の環を切断しかねず，研究活動そのものを弱体化させかねません。

大学図書館における受入タイトル数の減少は，学術雑誌の大幅な価格高騰が原因です。とりわけ「STEM雑誌」と呼ばれる，科学（S）・技術（T）・工学（E）・医学（M）分野の学術雑誌は，著しい高騰が続きました。投稿論文数の増加でページ数が増え，製作経費が増大したことも一因です。もともと学術雑誌は売れ行きがあまり見込めないため，どうしても値段は高くなりがちでした。一般の商品と違って，需要と供給のバランスで価格が調整されるというメカニズムが働きにくいこともあります。大学図書館では資料費そのものが頭打ちとなり漸減傾向にあるなかで，雑誌の単価が上昇すれば受け入れるタイトル数は否が応でも減っていき，資料費が雑誌に回れば書籍の購入にも影響します。

1970年代以降，エルゼビア社（Elsevier），シュプリンガー社（Springer），ワイリー社（John Wiley & Sons）といった学術出版社が買収・合併を繰り返して巨大化し，市場の寡占化が格段に進んだことも背景にあります（本章 p.123参照）。ある出版社が吸収されると，そこで発行していた雑誌が大幅に値上がりするという事態も起きました。

【2】シリアルズ=クライシスの一方で，1990年代から電子ジャーナルが普及します。紙媒体に比べて，用紙代や印刷代，輸送費などがかからないので購読料は下がるのではないかという淡い期待もありました。しかしながら，そうはならなかったのです。

国際的な販売網をもつ学術出版社は，電子ジャーナルを貴重なビジネス=チャンスととらえて配信事業に乗り出し，印刷版の購入をともなう組み合わせ価格，印刷版の廃刊あるいは電子版のみの創刊による新たな個別契約，出版社の発行する電子ジャーナルすべてをパッケージとする包括契約など，さまざまな契約体系によって大学図書館の購読を束縛しました。購読料が毎年のように値上がりする傾向も止まりませんでした。シリアルズ=クライシスは，紙媒体雑誌から電子ジャーナルの購読問題へと焦点を移したのです。

こうした状況下，大学図書館は学術系商業出版社への批判を強めました。アメリカでは1998年に，研究図書館協会（Association of Research Libraries, ARL）が中心となって**SPARC**（スパーク，Scholarly Publishing and Academic Resources Coalition）という運動体が設立され，国際的な学術出版社への対抗策を次々と打ち出したのです。この反商業主義の気運のなかから浮上したのが，「オープン=アクセス運動」でした。

13.3. オープン=アクセス運動

【1】 オープン=アクセス運動（open access movement）は，査読制度を経た学術論文をデジタル化して流通させ，無料であって，なおかつ利用の制約がない，だれにでも開かれたアクセスを実現しようとする運動です。商業出版社への対抗措置として始まり，研究者みずからが成果をデジタル化して流通させるという方向に向かいました。

2001年12月にオープン=アクセス運動の関係者を集めた初めての国際会議が，ハンガリー共和国の首都・ブダペストで開催され，翌2002年2月には会議の成果が「ブダペスト宣言（Budapest Open Access Initiative）」として発表されます。

ブダペスト宣言では，無料で利用の制約がないアクセスを実現させる方策として，二つの柱が打ち出されました。一つは「セルフ=アーカイビングの実施」，もう一つは「オープン=アクセス雑誌の刊行」です。

【2】 セルフ=アーカイビングの実施
セルフ=アーカイビング（self-archiving）とは，雑誌公表の論文について，著者がその原稿をデジタル化して無料公開する試みをいいます。あくまでも原稿（著者最終稿）であって，雑誌のページ面のデジタル化ではありません。学術雑誌に一度掲載されたものを，いわば二次的に公開する試みです。英語の「archive」は「保管する」という意味の動詞で，「self-archiving」は「自分自身で保管すること」といった意味合いとなります。

ただし，学術論文の著作権は，雑誌掲載時には出版社側に移譲されてきましたので，掲載後のセルフ=アーカイビングは，出版社の許諾が必要となります。出版社によっては半年なり一年なりの公開禁止期間を過ぎれば，原稿ベース（あるいは誌面イメージ）での公開を許可しているところもあります。

セルフ=アーカイビングには，著者がみずからウェブ=サイトを運営して公開する，あるいは，学会がアーカイビング用サーバを運営して会員の論文を公開する，といった方式がありますが，もっとも広く行なわれているのは「機関リポジトリ」です。

機関リポジトリ（institutional repository）は，セルフ=アーカイビングの一つで，大学図書館がアーカイビング用サーバを運営して，所属教員の論文を公表する方式をいいます。大学図書館が，当該大学に所属する研究者に対して論文（原稿）のデジタル化を促し，インターネットを通じて無料公開するのです。英語の「repository」は「貯蔵庫」とか「集積所」といった意味合いで，「archiving」とほぼ同義です。機関リポジトリの対象コンテンツは，論文以外にも会議発表資料や授業関連教材などに広がっており，さらには，講義のデジタル動画をネット上に公開するという新たな方向にも進んでいます。

13 学術論文（5）電子ジャーナル　シリアルズ=クライシス，オープン=アクセス運動

【3】オープン=アクセス雑誌の刊行

オープン=アクセス運動の，もう一つの柱は，「オープン=アクセス雑誌の刊行」です。**オープン=アクセス雑誌**（open access journal）とは，無料で利用の制約がないアクセスを実現した電子ジャーナルです。

典型的なオープン=アクセス雑誌は，著者が論文掲載料（article processing charge）を支払うことで運営されています。論文掲載料は著者個人の研究費から支出されますが，研究費助成団体が負担することもあります。この著者負担型モデルは，新たな商業出版社が手掛ける，既存の学会が手掛ける，複数の研究者のプロジェクトとしてスタートした，非営利の出版社が手掛けるといったケースがあります。

既存の電子ジャーナルであっても，著者が希望してオプション料金を支払えば，その論文のみ（誌面イメージで）無料公開するというものもあります。購読料の必要な電子ジャーナルのなかに，無料公開の論文が混ざっているハイブリッド型です。

ちなみに，米国の認知科学者・ハーナッド（Stevan Harnad）は，オープン=アクセス運動（OA運動）のなかで，セルフ=アーカイビングの実施を「緑の道」「グリーンOA」，オープン=アクセス雑誌の刊行を「金の道」「ゴールドOA」と名付けました。

【4】
オープン=アクセス運動ではさらに，論文の根拠となった実験データなども公開していこうという動きが加わりました。データがあれば，論文で主張していることの再現が容易にできるからです。無料公開にとどまらず，データのダウンロード，コピー，配布，印刷，リンク，その他の合法的な二次利用についても無条件で許諾を与えようとしています。データに関する無料で利用の制約がないアクセスは「オープン=データ」と称され，政府や公的機関の保有するデータの公開についても含めるようになっています。

また，公的資金からの助成を受けた学術研究は，その成果をあまねく国民に公開すべきという気運も高まっています。政府による研究助成金とは，いわば税金の投入であり，その成果は納税者である国民のものでもあるという考え方に基づいて，セルフ=アーカイビングを義務化しようという動きです。舞台となるのは，機関リポジトリです。研究者を雇用している大学や研究所，あるいは研究補助金を出している助成団体などは，「オープン=アクセス方針」を定めて，所属の研究者や補助金を受けた研究者にセルフ=アーカイビングの履行を求めています。

オープン=アクセス運動は，専門的な研究活動のなかに普通の人びとの参加を促すようになりました。研究者が成果をより広く公開し，人びとがさまざまなかたちで学術研究をサポートできるような，ゆるやかな体制づくりを目指しています。インターネットでの集合知を活用したり，資金面でネット上から支援を求めたりして，科学をいま以上に発展させていこうという試みです。こうした動向は，2010年代に入って**オープン=サイエンス**（open science）と呼ばれるようになりました。

[注記❶]　DOI（ディーオーアイ，Digital Object Identifier）は，電子ジャーナルの論文を始めとして，デジタル化されたコンテンツを識別するための国際的なコード体系です。多くのデジタル化された学術論文にはDOIが付与されていて，ID番号としての役割を担っています。下記に二つの事例を示しました。

　　　　10.1038/nature06830　　　10.1241/johokanri.57.591

斜線記号の前段は，出版社（あるいは機関リポジトリの運営者）を特定するコードで，DOI登録機関によって設定されます。一方で，斜線記号の後段は，出版社などが自身の管理するコンテンツに対して付与するもので，その形式は自由です。DOIを，URLの「http://doi.org/」に続けて入力すると，その論文のあるURLに自動的に変換されて，該当するサイトが表示されるようになっています。

　DOIは，国際DOI財団（IDF）が1998年から統括しており，登録や管理はIDFが認可したDOI登録機関に委譲されています。DOI登録機関には，学術コンテンツに対して付与を行なうCrossRef（クロスレフ），研究データに付与しているDataCite（データサイト）などの組織があり，日本ではジャパン＝リンク＝センター（JaLC，ジャルク）が付与活動を行なっています。JaLCは，科学技術振興機構（JST），物質・材料研究機構（NIMS），国立情報学研究所（NII），国立国会図書館（NDL）が共同で運営する，DOI登録機関（2012年に認可）です。

[注記❷]　レレックス＝グループ（RELX Group）は，情報関連の多国籍企業。1993年に誕生し，2015年にリード＝エルゼビアから改称。中核部門は，蘭アムステルダムが本社のエルゼビア社，英ロンドンが本社のリード＝ビジネス社，米オハイオ州デイトンが本社のレクシスネクシス社です。**エルゼビア社**（Elsevier）は，『Lancet』や『Cell』などの学術雑誌を発行し，電子ジャーナルを束ねた「ScienceDirect」を運営。

　シュプリンガー＝ネイチャー社（Springer Nature）は，シュプリンガー＝サイエンス＝アンド＝ビジネス＝メディア社と，マクミラン＝サイエンス＝アンド＝エデュケーション社との合併で，2015年に誕生。前者は，独ベルリンで創業した**シュプリンガー社**（Springer）を母体に買収・合併で形成され，電子ジャーナルを束ねた「SpringerLink」を運営。後者は，スコットランドで創業したマクミラン社（Macmillan Publishers）がドイツのホルツブリンク＝パブリッシング＝グループに買収されたもので，傘下にネイチャー＝パブリッシング＝グループをもち，学術雑誌『Nature』と「Nature」を冠した姉妹誌を発行。

　ワイリー＝ブラックウェル社（Wiley-Blackwell）は，米ニューヨークで1807年に創業した**ワイリー社**（John Wiley & Sons）が，英オックスフォードを本拠地とするブラックウェル社（Blackwell Publishing）を買収して，2006年に誕生。本社は米ニュージャージー州ホーボーケン。電子ジャーナルを束ねた「Wiley Online Library」を運営。

13 学術論文(5)電子ジャーナル　シリアルズ＝クライシス，オープン＝アクセス運動

[注記❸]　0と1の二種類で数値を表記する2進法は，ドイツのライプニッツが17世紀に体系化しました。19世紀，英国のジョージ＝ブールは，2進法の考え方に基づき，論理学の命題（真か偽かの判断の対象となるもの）を記号化し，そのあいだの結合パターンを論理演算として示しました。1937年にアメリカのクロード＝シャノンが，論理演算は電気回路の設計によって表現できることを証明し，コンピュータ理論の基礎を築きました。

　コンピュータでは，基本的に1と0の二種類の数値しか用いません。物理現象は，回路に電流が流れているか（1）切れているか（0），あるいは，回路に流れている電圧が高いか（1）低いか（0）といった，二つの状態に縮退して扱うのです。2進法で表記された数値（2進数）の一桁一桁をビット（bit）と呼びます。つまり，1ビットは，1か0かの，どちらかの状態を指し示しています。

　文字コードとは，文字をコンピュータで利用可能にするための仕組みのことです。大きく，文字集合（character set）と符号化規則（encoding scheme）とに分かれます。

　前者の文字集合は，コンピュータで表現したい文字を選び集め，特定の区画番号にしたがって配列していった一覧表です。縦横のマス目で構成される一つの表を「面」と呼び，「第1面で第4区画の28点目」といったかたちで，文字の配置場所が指定されます。後者の符号化規則とは，文字を1と0との組み合わせに置き換えるためのルールです。何桁かのビットをひとまとまりとし，その桁数の範囲のなかで，特定の文字を1と0とのビットの並びで表現します。

　もっとも早く制定された文字コードが，1962年に生まれたASCII（アスキー）コードです。7ビット（2進数7桁）を一単位に，ローマ字の大文字・小文字，数字，その他の制御符号などが文字集合として定義され，符号化規則が定められました。7ビットでは，128種類（2の7乗）の文字を表現できます。日本語用の文字コードとして最初に制定されたのが，ASCIIコードに半角カタカナを加えて8ビットに拡張させた，JIS X 0201（1969年）です。日本工業規格（JIS）の一つとして制定されました。

　漢字をともなうJISコードは，16ビット（2の16乗で，65,536種類の文字に対応可能）を一単位に，1978年1月にJIS C 6226として制定されました。漢字は使用頻度によって第一水準（2,965字）と第二水準（3,384字）に分けられ，非漢字も含めた全体で6,802字が定義されました。この1978年の秋には，日本初の漢字ワープロ機，東芝のJW-10が発売されています。以後のJISコードは，漢字の追加や字体の入れ換え，区画番号の変更などが行なわれ，1983年，1990年，1997年，2000年，2012年と改訂されています。

　世界中の文字を一括して16ビットの範囲に収録しようという，多重言語文字セット規格が，Unicode（ユニコード）として企図されています。NGOのユニコード＝コンソーシアムと国際標準化機構（ISO）との共同開発です。現在では16ビットでは収録しきれないことが明確になり，21ビット（2,097,152種類に対応可能）に拡張されています。

■

13 演習問題 学術論文(5) 電子ジャーナル

問い1 電子ジャーナルに関する記述で，正しいものをすべて選び，冒頭の数字を○印で囲め。

1 シリアルズ=クライシスとは，学術雑誌の価格が高騰したことで，大学図書館での購読タイトル数が大幅に減少し，研究活動を弱体化させかねない事態をいう。
2 アクセス形態でペイパービュー購読とは，電子ジャーナル中の1論文を画面表示したりダウンロードしたりすれば，そのつど出版社側に使用料を支払う仕組みである。
3 ビッグ=ディールは大口取引の意で，出版社の発行する電子ジャーナルは，契約更新のさいにそれまでの購読誌数を減らしてはならないという禁止条項をいう。
4 電子ジャーナルは，単独タイトルごとに，出版社と図書館との一対一の契約を原則としているので，中小規模の図書館にとっては敷居が高く，契約を躊躇する。
5 図書館と出版社との通常の契約では，電子ジャーナルの全データが出版社のサーバから図書館のサーバに移されるので，図書館側はバックナンバーを蓄積できる。

問い2 下記の人物について該当する記述を右側から選び，●印同士を直線で結べ。

マクルーハン ●
(Marshall McLuhan, 1911-1980)

クロード=シャノン ●
(Claude E. Shannon, 1916-2001)

ウィーナー ●
(Norbert Wiener, 1894-1964)

リックライダー ●
(J. C. R. Licklider, 1915-1990)

バーナーズ-リー ●
("Tim" Berners-Lee, 1955-)

● 論文「人とコンピュータの共生」を書いて情報化社会を予言し，一時期，アメリカ国防総省の高等研究計画局で，ARPANETの構想を先導した。

● メディアじたいが，すでに，ある種のメッセージを含んでいると主張，斬新なメディア論を展開した。

● ブール（George Boole）の論理演算が電気回路に対応可能と証明し，情報の基本単位をビットで表現，通信システムの基本モデルも明らかにした。

● サイバネティックス（cybernetics）という学問分野を提唱し，心の働きから生命や社会までを通信と制御のシステムとして捉えようとした。

● ワールド=ワイド=ウェブ（WWW）を考案して，そのWWWを表現する言語（HTML），WWWの通信上の規約（HTTP），WWWを呼び出すためのインターネット上の番地（URL）を最初に設計した。

13 演習問題　学術論文（5）電子ジャーナル

問い3 次の文章の空欄に当てはまる，もっとも適切な語句を，解答群から選んでしるせ。

　1976年，東京大学の附属図書館で業務機械化がスタートする。1984年末に東大のシステムは東京工業大学を最初の接続先として連結された。大学図書館を結んだコンピュータ＝ネットワークのなかで，書誌情報を分担作成し共同利用するための目録所在情報サービス業務（NACSIS-CAT）が，実質的に始まったのである。1986年には東京大学文献情報センターを改組して，学術情報センター（現在の①　　　　　　　　）が正式に発足する。

　1980年代後半から1990年代にかけて，大学図書館の業務はNACSIS-CATを中心に回っていた。大学教員は，先行研究の文献情報を論文巻末の参考文献リストなどで知ると，原報の入手を図書館に申請する。図書館員は，NACSIS-CATで論文の掲載誌を検索し，巻号を確認したうえ，所蔵館を特定して，相手先の大学図書館に当該論文のコピー郵送を依頼するのだ。こうしたサービス活動は（総称として）②　　　　　　　　と呼ばれている。1992年からは，先方への②の申し込みがNACSIS-CATのオンライン＝システムのなかで可能となった。学術研究にとって，大学図書館の存在は必要不可欠だったのである。NACSIS-CATの成果である総合目録データベースは，Webcat（現・CiNii Books）の名称のもと，1998年からネット上で一般公開されている。

　一方で，この時期には③　　　　　　　　と呼ばれる現象が起きる。それは，大学図書館で必要とする学術雑誌の購入予算が確保できなくなったことである。ジャーナルの価格高騰が原因で，とりわけ理系の外国雑誌で著しく，大学図書館では購読中止が相次ぎ，受入タイトル数が減少の一途をたどった。

　また，1990年代以降，論文のフルテキストがデジタル化されて，電子ジャーナルが形づくられていく。個別の論文を検索できる雑誌記事索引データベースも出現し，①がCiNii（現・CiNii Articles）の運用を2004年に開始する。論文を探すだけでなく，デジタル化された原報のフルテキストも多くがネット上で閲覧できるようになった。論文に直にアクセスし閲読可能となったことで，大学図書館での②の役割は低下した。

　2000年代に大学図書館は新たなサービス展開に歩を進める。一つは，オープン＝アクセス運動の一環としての④　　　　　　　　である。図書館が専用サーバを運用し，所属教員の雑誌掲載論文をデジタル化して公開する活動だ。もう一つは⑤　　　　　　　　である。静寂一辺倒の施設運営を一部で緩和し，ディスカッション中心のグループ学習ができるスペースを提供するものである。

解答群　国立情報学研究所，科学技術振興機構，ILLサービス，SDIサービス，ラーニング＝コモンズ，シリアルズ＝クライシス，機関リポジトリ

14 総合演習問題
雑誌論文と文献の検索

問い1 選択肢のなかで正しいほうを選び，冒頭のローマ字を○印で囲め。

1．インターネットの始祖は，アメリカ国防総省の［a．ARPANET，b．NFSNET］。
2．［a．J-STAGE，b．J DreamⅢ］は，科学技術振興機構（JST）が，学会などの電子ジャーナルを集めて無料公開する，雑誌記事索引データベースである。
3．章や節などの見出し項目と，その見出し項目のあるページのノンブル（ページ番号）とを組み合わせた一覧表は［a．（巻末にある）索引，b．（巻頭にある）目次］。
4．「Publish or Perish」は，論文の［a．読解力，b．生産性］を高めよと鼓舞する。
5．紙面の印刷イメージを保持するフォーマットは［a．HTML，b．PDF］。
6．［a．デジュリ標準，b．デファクト標準］は，市場原理で採択された事実上の標準。
7．ディスクリプタは［a．事前結合，b．事後結合］の索引法である。
8．［a．『フィロソフィカル=トランザクションズ』，b．『ジュルナール=デ=サバン』］はロンドン王立協会が1665年に創刊した，学術雑誌の先駆的存在である。
9．ある雑誌の過去2年間の掲載論文数が1000件，それらの論文の被引用回数が年間延べ2000回なら，インパクト=ファクターは［a．0.5，b．2］である。
10．［a．ロジャー=ベーコン，b．フランシス=ベーコン］は，経験知を積み重ねる方法論を唱え，学問の三大分類を編み出し，「知は力なり」の言葉を残した。
11．［a．学会誌，b．紀要］には，所属は異なる研究者の，同じ専門分野の論文が載る。
12．英語の「the」「of」「and」などのように，余りに多くが検索にかかるので，検索対象からは除外する語句を［a．ワイルド=カード，b．ストップ=ワード］という。
13．［a．床，b．柱］は，ページの余白に章や節の見出し項目を挿入したものをいう。
14．ブラッドフォードの法則は，コア=ジャーナルに論文が［a．集中，b．分散］するのを定式化した。
15．［a．NDL Search，b．NDL ONLINE］は，国立国会図書館を中核に，全国の公共図書館などの蔵書を統合的に検索できる，総合目録データベースである。

14 総合演習問題　雑誌論文と文献の検索

問い2　下記のフォーマットについて該当する記述を右側から選び，●印同士を直線で結べ。

EPUB ●　　　　　　　　● 文書のレイアウトを表現するために，アメリカの数
（イーパブ）　　　　　　　学者・ドナルド=クヌースが開発したフォーマット。
　　　　　　　　　　　　　とりわけ，数式の組版に威力を発揮する。

PDF ●　　　　　　　　● コンマ（カンマ）をデリミタとすることで区切った，
（ピーディーエフ）　　　電子文書のフォーマット。Excelなどの表計算ソフ
　　　　　　　　　　　　　トでも使われている。

HTML ●　　　　　　　● 電子書籍のフォーマット。画面の大きさに合わせて
（エイチティーエムエル）　表示を調整できる，リフロー機能をもつ。アップル
　　　　　　　　　　　　　やグーグルなどの企業が，規格として採択。

TeX ●　　　　　　　　● 電子文書のフォーマット。紙の印刷物のデザインを
（テフ，テック）　　　　　そのまま再現できる，固定レイアウト方式。アドビ
　　　　　　　　　　　　　システムズが策定し，閲覧機能を無償配布。

CSV ●　　　　　　　　● ウェブ=ページを表現するために用いられるフォー
（シーエスブイ）　　　　　マット。プレーンなテキスト=データを，このマー
　　　　　　　　　　　　　クアップ言語で挟むことで，書式や構造を指定する。

問い3　管理コードに関する記述で，正しいものをすべて選び，冒頭の数字を〇印で囲め。

1　ISBMとISSNは，どちらも国際標準規格で，こんにちでは双方の数字部分の桁数を合計すると18桁になる。

2　ムックには，定期刊行物コード（雑誌）と書籍JANコードとが，ともに表4の下辺に表示されている。

3　書籍JANコードが表示されていても，ごく一部の関係者しかその存在を知らなければ，灰色文献である。

4　市販される図書のカバー=ジャケット裏には，定価表示に加え，日本図書コードと書籍JANコードとが，ともに表示されている。

5　駅構内のラック置きなどで無料配布されるフリーマガジンには，商業雑誌と同様に，定期刊行物コード（雑誌）が表示されている。

問い4 次の文章の空欄に当てはまる，もっとも適切な語句を，解答群から選んでしるせ。

インターネットの元祖とされる①＿＿＿＿＿＿は，アメリカ国防総省の高等研究計画局（当時）と，各大学との共同プロジェクトとして始まり，1969年に実働開始した。最初の4か所の大学・研究所が専用の通信回線で結ばれたのだ。コンピュータ同士をつなぐことで，遠隔地の大学にある学術研究のリソースを，自分の大学の端末機から使いたいという現実的な理由があった。実際にもっとも使われた機能は②＿＿＿＿＿＿だった。

このコンピュータ＝ネットワークには，次の特徴があった。第一に，迂回や転送が可能な，複数の経路をもった分散型だったこと。第二に，データは特定の単位で細分化されてバラバラに送り出され，目的地に到着して元に戻すという③＿＿＿＿＿＿方式が採択されたこと。第三は，異なる機種のあいだでネットワークを組むために，中継用のコンピュータを設けて，データの送受信や経路の制御を任せたことだ。この中継コンピュータが，こんにちの④＿＿＿＿＿＿である。

1983年に，異なるネットワーク間をつなぐために，二つの相補的なプロトコル（通信規約）のTCPとIPとが，①に実装されている。

1989年には，⑤＿＿＿＿＿＿と呼ぶ機能が提案された。それは，文書内にリンク情報を埋め込み，別の文書へと表示を切り替えられる機能だ。文書のなかには，画像や音楽，映像も含めることができる。インターネットで，この機能を表示する文書のことをウェブ＝ページと呼び，1993年には閲覧用の専用ソフトも公開された。

日本では1985年に，それまで国営だった通信事業が民営化され，電電公社（日本電信電話公社）が解体して，いまのNTTの母体ができた。この通信自由化により，民間会社が通信事業に参入でき，たとえば⑥＿＿＿＿＿＿が立ち上げられている。⑥は，特定のホスト＝コンピュータと個人のパソコンとを既存の電話回線で結んで，データ通信を行なうサービスである。二大商用サービスの，PC-VAN（1986-2001年）とNIFTY-Serve（1987-2006年）は，それぞれ百万人を超える会員を集めた。一般的な使われ方は，共通の趣味嗜好をもった人たちがグループを作り，記事を書き込んだりコメントを付けたりできる掲示板機能（BBS）や，文字ベースで雑談する⑦＿＿＿＿＿＿機能だった。

日本で，インターネットへの接続を提供する⑧＿＿＿＿＿＿が，サービスを開始するのは1993年。1995年には，マイクロソフト社のOS「Windows95」にインターネット関連機能が搭載されて発売され，インターネットに対する認知と普及に拍車がかかった。

解答群 パソコン通信，プロバイダ，チャット，電子メール，モデム，ルーター，ARPANET，NFSNET，WWW，Mosaic，Netscape，パケット交換

14 総合演習問題　雑誌論文と文献の検索

問い5 次の表は件名標目表の一部で，Ａ１からＦ２まではそれぞれ言葉を表している。このとき，下記の設問に答えよ。

```
───────────────────────
    Ａ１
       ＵＦ　Ｂ１，Ｂ２
       ＴＴ　Ｃ１，Ｃ２
       ＢＴ　Ｄ１
       ＮＴ　Ｅ１
       ＲＴ　Ｆ１，Ｆ２
───────────────────────
```

【１】正しい記述をすべて選び，冒頭の数字を○印で囲め。

1　Ｂ１とＢ２は，ともに同義語なので，どちらも件名となりうる。
2　Ａ１に対してＤ１は，より大きな概念を表す上位語である。
3　Ｂ２を見出し項目とするところには「Ｂ２→Ａ１」としるされている。
4　Ａ１とＣ２では，Ｃ２で資料探索したほうが検索ノイズは少ない。
5　Ａ１は，Ｅ１からみると，より大きな概念を表す上位語である。
6　Ｆ１とＦ２は，Ａ１と関連性はあるものの，どちらも件名とはなりえない。
7　Ｃ１より大きな概念を表す上位語は，存在しない。
8　Ｆ２は，Ｅ１よりも小さな概念を表す下位語である。

【２】上位語から順に下位語へ向かって，中点記号の数によって階層構造を表すとすれば，正しい表示をすべて選び，冒頭の数字を○印で囲め。

1　Ｃ１	2　Ａ１	3　Ｃ２
・Ｄ１	・Ｃ２	・Ｄ１
・・Ａ１	・・Ｄ１	・・Ｅ１
・・・Ｅ１	・・・Ｅ１	・・・Ｆ１

問い6 下記の問い合わせに応えて，論文を検索せよ。

検索対象のデータベースは，「CiNii Articles」あるいは「Google Scholar」で，詳細検索を使うこと。書誌事項は次の要領でしるせ。

著者名「論文名」（特集名）『掲載誌名』巻号数（年月次）該当ページ数

1．東京大学法学部教授（当時）の小林直樹が，自衛隊は違憲かつ合法的な存在という主旨の論文を，1975年に雑誌『ジュリスト』で発表した。その書誌事項が知りたい。

2．『生物工学会誌』の特集「土壌環境での細菌の生き様を探る」に寄せた，西山・妹尾の共著論文，書誌事項が知りたい。

3．明治大学法科大学院教授の瀬木比呂志が，SLAPP（スラップ）訴訟（訴えを起こすことで相手の言論活動などを委縮させる目的の威嚇的な訴訟）について著した論文，書誌事項が知りたい。

4．日本赤十字社 和歌山医療センター医師の古宮伸洋が，2014年に西アフリカで大流行したエボラ出血熱について書いた，単著論文があるはず。書誌事項が知りたい。

5．福音館書店の育児雑誌『母の友』に掲載された，バーミヤン遺跡についての記事，書誌事項が知りたい。

6．IBM社の技術者だったルーン（Hans Peter Luhn）の，1958年発表の論文で，語句の出現頻度を調査することにより，抄録（abstracts）を自動生成する方法について述べたものがある。書誌事項が知りたい。DOIもあわせて教えてほしい。

7．統計学者として米国の生命保険会社に職を得たロトカ（Alfred James Lotka）は，科学の生産性（scientific productivity）に関する経験則を見出して1926年に発表。後に「ロトカの法則」と呼ばれるようになる，この論文の書誌事項が知りたい。

8．エドガー＝コッド（Edgar Frank Codd）が，IBM社のサンノゼ研究所勤務の1970年に発表した，データベース（当時の表現では「data banks」）の関係型データ＝モデルを提唱した論文，その書誌事項が知りたい。DOIもあわせて教えてほしい。

9．ボーイング社研究所勤務の，ベイヤー（Rudolf Bayer）とマックライト（Edward M.McCreight）が，大規模索引（large ordered indexes）の維持管理について述べた，1972年の論文。後に「B木索引」として知られる，この論文の書誌事項が知りたい。

10．ともに京都大学理学部助手（当時）の小林誠と益川敏英が，素粒子グループの一つであるクォークは，少なくとも3世代（6種類）存在すると予言する，CP対称性の破れ（CP-violation）の起源を見出した1973年発表の共著論文，書誌事項が知りたい。現時点での被引用回数もあわせて教えてほしい。

14 総合演習問題　雑誌論文と文献の検索

問い7 下記の問い合わせに応えて，文献を検索せよ。
検索対象のデータベースは，設問に合わせて適切と思われるものを，そのつど選択のこと。

1．マーク＝トウェインの短編「跳び蛙」，光文社文庫版では，どういう標題での訳出か。
2．吉備人（きびと）の単行本『おいしい！』，そのISBNが知りたい。
3．1990年代に，確か"ガラスびんで海へ"という本が刊行された。出版社はどこか。
4．瀧井孝作の小説で，確か"鮎釣りと老人"というタイトルの作品があったはず。雑誌での初出稿ではなく，書籍になったもので読みたい。書誌事項を教えてほしい。
5．沢木耕太郎の作品「クレイになれなかった男」を，単行書や文庫本ではなく，何かの全集ものに収録されているバージョンで読みたい。書誌事項を教えてほしい。
6．阿部一正ほかの執筆による『条解会社法の研究』で，株主総会を論じたパートを探している。出版社は商事法務研究会と分かっているが，書誌事項の全容が知りたい。
7．確か"ニッポンのサンクチュアリ"というタイトルをもった続きものがある。シリーズ最新刊の書誌事項を教えてほしい。
8．雑誌『政治経済史学』，創刊号から600号までを揃いで所蔵する図書館はどこか。
9．雑誌『繊維科学』の創刊号を所蔵する，東京都下の図書館が知りたい。
10．配偶者からの暴力という意味の，ドメスティック＝バイオレンス（domestic violence, DV）。このテーマでの論文が日本の雑誌に初めて掲載されたのは，いつごろか。
11．東北学院大学法学部教授（当時）の久保田きぬ子が，婦人参政権の歴史と現状についてまとめた論文がある。確か"自正"という雑誌だった。書誌事項が知りたい。
12．お茶の水女子大学准教授（当時）の中村美奈子がものした「バリ島の舞踊の語彙と動作特性」というタイトルの論文がある。書誌事項が知りたい。
13．横浜国立大学名誉教授・山田卓生の「アメリカにおける法社会学の展開」というタイトルの論文がある。書誌事項が知りたい。
14．関西学院大学大学院司法研究科教授（当時）の川崎英明が著した「接見交通権と刑事弁護の自由」というタイトルの論文がある。書誌事項が知りたい。
15．京都大学再生医科学研究所教授（当時）の山中伸弥と，山中の右腕といわれた特任助手（当時）の高橋和利らによる論文が，2006年8月に雑誌『Cell』で発表された。人工多能性幹細胞（iPS細胞，induced pluripotent stem cell）の作製に，マウスの細胞を使って成功したとの内容だが，その書誌事項が知りたい。現時点での被引用回数もあわせて教えてほしい。

■

15 リレーショナル=データベース

数学における「関係」, 正規化,
演算操作, SQL

15.1. 関係型データ=モデル

【1】 関係型データ=モデルは，データを，二次元の表を使って管理します。タテ軸とヨコ軸からなる格子状のマス目で，データを総覧できるかたちに表現し，管理しているのです。この一覧表を「**テーブル**（table）」と呼びます。日本語訳は「表（ひょう）」です。

関係型データ=モデルは，複数のテーブルにわたってデータ相互を連動させたり，データの更新（登録・修正・削除）を関連する別のテーブルに自動的に反映させたりといった処理を，必要なときに必要なだけ行なうことができます。この関係型データ=モデルに基づいて構成されたデータベース=システムが，先に述べたように（第4章 p.030参照），リレーショナル=データベース（relational database）と呼ばれています。本節では，まず「関係（relationship）」の数学的な意味を探ります。

【2】 数学における「関係」

日常の言葉としての「関係」は，あるものが他のものと，何らかのかかわり合いをもつといった意味で使われます。人間社会における血縁や組織などでの結び付きを指し示し，仕事や事件にかかわって影響が及ぶといったニュアンスでも用いられます。

数学の専門用語としての「関係」とは，直積の部分集合を意味しています。この点を，集合論を踏まえて説明します。

【2a】 集合（set）は，ある特定の条件に適うものを，ひとまとめにした全体です。集合を構成する個々のものが，要素（element）です。集合は，いくつかの要素から成る集まりで，たとえば，要素のaとbを含む集合Aを，A=｛a，b｝と表記します。

ここで，AとBが集合であるとき，それぞれの集合から任意の要素を一個ずつ取り出し，（Aの要素，Bの要素）というかたちで順に並べて出来る組み合わせの，すべての集合を，「**直積**（ちょくせき，direct product）」といいます。二つの集合から要素のペアをすべて集め尽くして，そのペアを要素として作った集合です。直積は「A×B」で表すこととします。

15 リレーショナル=データベース　数学における「関係」,正規化,演算操作,ＳＱＬ

たとえば，A＝{a，b}，B＝{x，y，z}のとき，直積は次のようになります。
　　　　A×B＝{（a，x），（a，y），（a，z），（b，x），（b，y），（b，z）}

このとき，直積「A×B」の任意の部分集合Rが，数学におけるAとBの「関係」です。部分集合（subset）とは，ある集合の一部の要素だけから成る（下位の）集合です。上記の事例に関して言えば，次の二つの集合は，それぞれに，AとBの「関係」です。
　　　　R１＝（a，x）
　　　　R２＝{（a，z），（b，x）}

【2ｂ】具体的な事例で，もう一度「関係」を説明します。下記は，簡単な家系図です。一組の夫婦に二人の息子がいて，それぞれが妻帯していることを表しています。

この家系図から，男性を要素とする集合A，女性を要素とする集合Bを作ります。
　　　　男性の集合A＝{佐多吉，太郎，次郎}
　　　　女性の集合B＝{トマ子，桜子，梅子}

直積「A×B」は，次のようになります。
　　　　A×B＝{（佐多吉，トマ子），（佐多吉，桜子），（佐多吉，梅子），
　　　　　　　（太郎，トマ子），（太郎，桜子），（太郎，梅子），
　　　　　　　（次郎，トマ子），（次郎，桜子），（次郎，梅子）}

このとき，夫婦の関係Rを示します。上記の直積「A×B」の，部分集合です。
　　　　夫婦の関係R＝{（佐多吉，トマ子），（太郎，桜子），（次郎，梅子）}

要素の並びは順不同，丸カッコ記号内の要素の組み合わせも順不同です。
　　　　夫婦の関係R＝{（梅子，次郎），（桜子，太郎），（トマ子，佐多吉）}

【2ｃ】この事例の「夫婦の関係R」について，次の操作を施します。
　　まず，①要素のペア——これを「**組み（tuple）**」と呼びます——を取り出してタテ方向に揃えて配置し，次に，②要素をそれぞれ格子状のマス目に収容し，最後に，③タテ方向の列は，どういう性質をもった要素が並んでいるのかを説明する名称——これを「**属性（attribute）**」と呼びます——を掲げます。

| ①タテ方向に配置 | ②格子状のマス目に収容 | ③↓属性　↓属性 |

		夫	妻	
(佐多吉, トマ子)	佐多吉　トマ子	佐多吉	トマ子	←組み
(太郎, 桜子)	太郎　　桜子	太郎	桜子	←組み
(次郎, 梅子)	次郎　　梅子	次郎	梅子	←組み

「関係」を表現した要素の組み（タプル）を格子状のマス目に収容し，上部に属性（アトリビュート）の名称を付けた一覧表が，「テーブル」です。リレーショナル＝データベース（関係型データ＝モデル）では，数学における「関係」の概念を，このように，「表」のかたちに表現して，データを管理しているのです。

[注記❶]　マイクロソフト社の「Excel」に代表される，**表計算**のソフトがあります。スプレッドシート（spreadsheet, 広がった一枚の紙という意味）と呼ぶ二次元の表を使ってデータを一覧できるかたちに表現しており，リレーショナル＝データベースのテーブルとよく似ています。スプレッドシートは，ヨコ方向の行（row）とタテ方向の列（column）で，一つのマス目（cell）が指定される，やはり格子状の一覧表です。

しかしながら，両者には相違があります。スプレッドシートは，データ値の保管場所としてはテーブルと同じですが，複数のスプレッドシートを関連付けて論理演算のようなデータ処理を行なうことはできないのです。たとえば，Excelにピボット＝テーブル（pivot table）という操作がありますが，この操作は，「単一の一覧表」について，さまざまな角度からデータのクロス集計を施すものです。あくまでも一つのスプレッドシートを母体として，その内部の項目を操作するのであって，リレーショナル＝データベースのように「複数の一覧表」を組み合わせたデータ処理ではありません。

ちなみに，英語の「pivot」は「回転軸」「（軸足を中心とする）旋回」といった意味で，この操作は，項目を入れ替えて一覧表を「回す」というニュアンスを含みます。

[注記❷]　関係型データ＝モデルのテーブルは，階層型・網目型でのファイルに相当します。ヨコ方向の行やタテ方向の列も呼称が異なります（丸カッコ記号内は日本語訳）。

	関係型	階層型・網目型	表計算
一覧表	テーブル（表）	ファイル	スプレッドシート
ヨコ方向の行	タプル（組み）	レコード	ロー（行）
タテ方向の列	アトリビュート（属性）	フィールド	カラム（列）
マス目	—	—	セル（欄）

日常の生活では，隊列を組んでいるときに「ヨコの列を揃える」とか，日本語の文章で「タテの行に書き込む」といった用法もあるので，要注意です。

15.2. 正規形のテーブル

【1】 リレーショナル=データベースでは，単純で柔軟な対応ができるテーブルをつくるために **正規化**（normalization）と呼ばれる処置がなされます。データを更新（登録・修正・削除）するときに，整合性のとれない状態が生ずるのを回避する操作です。

正規化により生まれたテーブルが，**正規形**（normal form）です。関係型データ=モデルの概念を提唱したコッド（第4章 p.029参照）は，第一次正規形・第二次正規形・第三次正規形までを段階的に説明しました。その後に，ボイス=コッド正規形・第四次正規形・第五次正規形が，さらなる段階として提唱されました。通常は第三次正規形までで，不整合な状態を排除したテーブルをつくることは十分に可能とされています。

【2】 第一次の正規化は，一つのテーブルに，同じタイプの属性が繰り返されている状態を回避し，同時に，一つの欄に複数のデータが収まってしまっている状態を排除します。**第一次正規形**は，同じタイプの属性が項目として繰り返されることなく，一つの欄には必ず一つのデータ値のみが入っている状態です。

［第一次正規化される以前］

氏名	学部	学部
藤田友子	法学部	法学部
桃山花子	商学部	
北白川繭子		農学部

［第一次正規化される以前］

氏名	学部
朱ますみ	経営情報学部
桃山花子	商学部，人文学部

上記の左側の事例では，属性「学部」が繰り返されており，そのために空欄も生じてしまっています。また，右側の事例では，「学部」に二つのデータが入っている箇所があります。同一人物が二つの学部に所属することはありえないので，おそらく同名同姓の学生だと思われますが，調査のうえで一箇所には一データのみとします。

［第一次正規形］

氏名	学部
藤田友子	法学部
桃山花子	商学部
北白川繭子	農学部

［第一次正規形］

氏名	学部
朱ますみ	経営情報学部
桃山花子	商学部
桃山花子	人文学部

［注記］ **ナル値**（null value，**ヌル値**ともいう）とは，データ値が未入力のときに「何も設定されていない値」のこと。空白でもゼロでもない値として，「ナル値が入っている」と考えて未入力を許可することも可能です。

【1】ところで，テーブルのなかで，ほかの属性の存在を特定できる属性を，「キイ（key）」と呼びます。コンピュータ目録における「キーワード」と同様の概念です。キイとなる属性は，テーブルのなかに一つとは限らず，複数あってもいいし，複数の属性の組み合わせであってもいいのです。数あるキイのなかで，もっとも管理能力に優れたものを一つ選び，これを「主キイ（primary key）」と呼ぶこととします。

「関数従属性（functional dependency）」とは，あるレコードのなかで，属性Aの値が決まれば，それに対応する属性Bの値が必ず一つ決まるという性質のことです。「AからBへの関数従属性がある」と表現し，「A→B」と図式します。属性のあいだでの，支配・被支配の関係です。

キイとなる属性は，他の属性への関数従属性をもちます。キイを指定すれば，別の属性の値が一意に定まるからです。複数のキイが，他の属性を支配する性質をもっているときに，主キイは，いわば実用的な側面でもって選ばれています。

【3a】<u>第二次正規形は，主キイ以外にもキイが存在する場合に，（主キイ以外の）キイがもつ関数従属性の箇所を分割して，別のテーブルにすることです。</u>テーブルには，必ず一つの主キイ項目がある状態を確保します。

下記の事例は，「氏名」が主キイとして「学部」を支配していますが，「氏名」と「科目」の組み合わせが，やはりキイとして「成績」への関数従属性があります。

　　　　　「氏名」→「学部」
　　　　（「氏名」＋「科目」）→「成績」

［第二次正規化される以前］

氏名	学部	科目	成績
朱ますみ	経営情報学部	論理学	A
桃山花子	商学部	統計学	A
北白川繭子	農学部	遺伝学	A

第二次正規形は，主キイ以外に，部分的に関数従属性がある箇所を分割します。

［第二次正規形］

氏名	学部
朱ますみ	経営情報学部
桃山花子	商学部
北白川繭子	農学部

［主キイ］

［第二次正規形］

氏名	科目	成績
朱ますみ	論理学	A
桃山花子	統計学	A
北白川繭子	遺伝学	A

［主キイ］

【4】第二次正規形の状態を確保したものの，実は「隠れ」関数従属性のようなものが潜む場合に，第三次正規化が施されます。下記の事例は，「氏名」から「学部」に対して，また「氏名」から「キャンパス」に対して，同様に関数従属性が存在します。

　　　　「氏名」→「学部」
　　　　「氏名」→「キャンパス」

［第三次正規化される以前］

氏名	学部	キャンパス
朱ますみ	経営情報学部	渋谷
桃山花子	商学部	渋谷
北白川繭子	農学部	町田

しかしながら，ここには属性「学部」が「キャンパス」を支配している関係が隠れています。つまり，属性「氏名」は「キャンパス」を完全に支配しているのではなく，「氏名」は「学部」を支配し，「学部」の値が決まることで「キャンパス」の値がそれに対応して定まるという，推移的な構造となっているのです。

　　　　「氏名」→「学部」→「キャンパス」

第三次正規形は，推移的に関数従属性のある個所を分割して，別のテーブルとすることです。主キイからすべての属性に対して関数従属性があるように設定し，その以外に関数従属性を持った箇所がない状態を確保します。

［第三次正規形］

氏名	学部
朱ますみ	経営情報学部
桃山花子	商学部
北白川繭子	農学部

［第三次正規形］

学部	キャンパス
経営情報学部	渋谷
商学部	渋谷
農学部	町田

15.3. 演算操作

【1】正規化の処置を経たテーブルに対して，演算操作を施すことができます。演算操作には，直積を始め，積・和・差・射影・結合・選択・商という，計8つの操作があります。ただし，直積は，演算操作で直接に活用することはほとんどありません。論理演算である「積」「和」「差」の操作は，すでに述べた（第6章 p.049参照），AND検索・OR検索・

NOT検索と同じなので，いずれも割愛します．8つの操作のなかで，ここでは，射影・結合・選択・商という4つの関係演算を説明することとします．

【2】 射影（projection）は，テーブルを構成する属性のうち，目的とする属性の列だけを取り出して新たなテーブルをつくる操作です．<u>タテ方向に切ったうえで，不要な列は捨てて，残りの列同士を貼り合わせるのです．</u>下記の事例では「氏名」「出身」「現住所」「学部」という属性をもったテーブルから，「氏名」「現住所」「学部」という属性だけで新たにテーブルをつくっています．

［射影の操作以前］

氏名	出身	現住所	学部
藤田友子	愛知県	東京都	法学部
桃山花子	愛知県	東京都	商学部
北白川繭子	愛知県	神奈川県	農学部

（◎が「氏名」「現住所」「学部」の列に付く）

［射影の操作後］

氏名	現住所	学部
藤田友子	東京都	法学部
桃山花子	東京都	商学部
北白川繭子	神奈川県	農学部

【3】 選択（selection）は，属性のデータ値に条件を指定して，その条件を満たすヨコ方向の行だけを取り出す操作です．<u>テーブルをヨコ方向に切って，必要な行だけを取り出して貼り合わせます．</u>下記の事例は，現住所が「東京都」という条件のもとで行を抽出し，それらを貼り合わせて新たなテーブルをつくっています．

［選択の操作以前］

氏名	出身	現住所	学部
◎ 藤田友子	愛知県	東京都	法学部
◎ 桃山花子	愛知県	東京都	商学部
北白川繭子	愛知県	神奈川県	農学部

［選択の操作後］

氏名	出身	現住所	学部
藤田友子	愛知県	東京都	法学部
桃山花子	愛知県	東京都	商学部

【4】**結合**（join）は，二つ以上のテーブルを共通の属性で結び付ける操作です。二つ以上のテーブルを接着させて，新しいテーブルをつくります。下記の事例では，二つのテーブルを「学部」という共通の属性で連結しています。

［結合の操作以前］

氏名	現住所	学部
藤田友子	東京都	法学部
桃山花子	東京都	商学部
北白川繭子	神奈川県	農学部

学部	学部長
法学部	石橋太郎
商学部	神田博史
農学部	犬山宏信

［結合の操作後］

氏名	現住所	学部	学部長
藤田友子	東京都	法学部	石橋太郎
桃山花子	東京都	商学部	神田博史
北白川繭子	神奈川県	農学部	犬山宏信

【5】**商**（division）は，二つのテーブルのレコードを比較して，一方のテーブルが，別のテーブルのレコードすべてを含んでいるかどうかを調べ，重複しているレコードだけを取り除いて，その結果を新たなテーブルとするものです。この演算は利用頻度が低く，リレーショナル＝データベースに実装されないこともあります。

15.4. データベース言語

【1】演算操作を始め，リレーショナル＝データベース全体を管理するソフトウェアが，リレーショナル＝データベース管理システム（relational database management system，ＲＤＢＭＳ）です。基本的な機能は，DBMS（第3章 p.015参照）と同様です。

【2】利用者がRDBMSに対して指示を与えるうえで用いる操作言語のことは，**データベース言語**（database language）と呼ばれています。

データベース言語は当初，コンピュータ＝メーカの商品ごとに異なったものが用意されていたのですが，IBM社サンノゼ研究所で1976年に開発された言語をもとにしたＳＱＬ（**エスキューエル**，Structured Query Language）が標準的なものとして定着しました。1987年に国際標準規格「ISO9075-1987」となっています。

次節では，リレーショナル＝データベースの主だった製品を紹介することとします。

15.5. 主なリレーショナル=データベース

【1】 Oracle Database（オラクル社）
もっとも代表的な商用のリレーショナル=データベースです。「OracleV2」として，1979年に世界でいち早くオラクル社からリリースされました（当時のオラクル社の社名は，リレーショナル=ソフトウェア社）。最初のバージョンでありながらＶ２（Version 2）と名乗ったのは，すでに改良された安定したイメージを印象付けるための営業戦略だといわれています。

　こんにちでは，中型機から大型汎用機まで幅広いプラットフォームをサポートしており，発展を続けています。

【2】 ＤＢ２（ＩＢＭ社）
IBM社のコッド（Edger F. Codd）の論文からリレーショナル=データベースの開発が各方面で始まったわけですが，その本家本元であるIBM社の製品が「DB 2（ディービーツー）」です。もっとも由緒正しいリレーショナル=データベースといえます。

　大型汎用機用途に開発され，「Oracle」と覇を競っていますが，ダウンサイジングの風潮にともなって中型機やパソコンでも動作可能となり，発展を続けています。

【3】 Microsoft ＳＱＬ Server（マイクロソフト社）
マイクロソフト社は，個人向けリレーショナル=データベース「Access（アクセス）」を1992年にリリースしましたが，一方では大規模用途の商品化も進めていました。サイベース社（Sybase）と業務提携し，同社の「Sybase」という商品をベースに共同で開発に打ち込んでいたのです。

　その後にサイベース社との提携を解消し，マイクロソフト社が独自に世に送り出したのが，1998年の「SQL Server（エスキューエル=サーバー）7」でした。彗星のように現れて「Oracle」や「DB 2」に迫り，リレーショナル=データベース市場の勢力分布を大きく塗り替えて，発展を続けています。

【4】 Microsoft Access（マイクロソフト社）
1992年12月にVersion 1.0がリリースされた，パソコン向けのリレーショナル=データベースです。誰でも手軽にデータベースを構築できるとともに，「SQL Server」との互換性もあるため，将来的な拡張性も確保されています。

　Accessは，マイクロソフト社提供の製品グループ「Office」の一つとして，「Word」「Excel」「PowerPoint」などとともに，発展を続けています。

【5】PostgreSQL（オープン=ソース）

IBM社のコッドがリレーショナル=データベースの理論を発表した後に，カリフォルニア大学バークレー校にて開発が進められたのが「Ingres（イングレス）」でした。主導したのは，同校のストーンブレーカー（Michael Stonebraker）教授の率いるチームです。かれらは，さらに研究を深めて新規プロジェクトを立ち上げ「Postgres（ポストグレ）」と命名。「Ingres」の後継を意味する「Post-Ingres」に由来していました。

　このプロジェクトから生まれたのが「PostgreSQL（ポストグレ=エスキューエル）」です。同名のリレーショナル=データベースは，1997年にVersion 6.0として公表されました。最大の特徴は，ソフトウェアの設計図にあたるソース=コードを広く公開していることで，だれでも無償で利用ができます。日本語にも対応。

【6】MySQL（オープン=ソース）

フィンランドの技術者・マイケル=ウィデニウス（Michael Widenius）によって1995年に発表されました。「MySQL（マイ=エスキューエル）」の「My」は，ウィデニウスの長女の名前（My Widenius）に由来するものです。

　いくつかの機能が意図的に盛り込まれておらず，その分システムにかかる負荷が軽減し，高速な処理を実現させています。オープン=ソースのリレーショナル=データベースとして，だれでも無償で利用ができますが，この分野では「PostgreSQL」などを抑えて圧倒的なシェアを獲得しています。日本語にも対応。スウェーデンの単一企業により維持されてきましたが，サン=マイクロシステムズ社に買収された後，2010年にオラクル社の傘下に入りました。

■

15 演習問題 リレーショナル=データベース

問い1 リレーショナル=データベースに関する記述で，正しいものをすべて選び，冒頭の数字を○印で囲め。

1 リレーショナル=データベースにおける「関係」とは，数学の専門用語であって，直積の部分集合を意味している。
2 正規化の目的は，冗長で重複のある個所を排除することで，更新時に整合性がとれない状態を回避することにある。
3 射影の操作は，テーブルのなかから，特定の条件に合致した（ヨコ方向の）行を取り出して，新しいテーブルを作ることである。
4 選択の操作は，テーブルのなかから，目的とする属性に合致した（タテ方向の）列を取り出して新しいテーブルを作ることである。
5 リレーショナル=データベースのテーブルと，表計算ソフトのスプレッドシートとは，ともに格子状の一覧表であって，どちらにも同じ演算操作が可能である。

問い2 次の図書館員の対応で，根本的に不適切である点を指摘し，改善策を示せ。
公共図書館から利用者宅の固定電話へ事務連絡している場面を想定（自宅への連絡は利用者との合意による）。

図書館員「あ，お母さんですか。△△公共図書館 参考係の××と申します。電話で失礼します。さきほど娘さんからケチャップ誕生に関する質問を受けたのですが」
母　　親「まあ，娘はケチャップの由来を調べているのですか。いま，娘に電話を代わりますから」
図書館員「実は，回答が載っているはずの『国史大辞典』が修理製本に出てしまっていて，参照できない状態です。他に三省堂・小学館・講談社と，三冊の歴史事典をあたったのですが，ダメでした」
娘　　　「あのとき司書さんは，山川出版社の事典も有力と言っていましたね」
図書館員「残念ながら閉館時間なので，探索を打ち切らざるを得ません。○○大学の図書館なら，たぶん『国史大辞典』を所蔵しているはず。直接ご自身で出向いて閲覧を希望されてはどうでしょう」

15 演習問題　リレーショナル=データベース

問い3 下記の設問に対してもっとも適切な回答を選び，冒頭の数字を○印で囲め。

【1】書誌学（bibliography）とは，どのような学問のことをいうのか。
1. 書誌学とは，モノとしての書物について書きとめる学問。書物を成り立たせている素材や形態，上木（じょうぼく）の事情やその後の来歴などを調査する。
2. 書誌学とは，古典籍で，元来の状態の文章を探求する学問。いくつもの写本がある場合に，それらを比較校合のうえ，本来の内容と判断できるテキストを確定する。
3. 書誌学とは，文字で書かれた書物について，その主題を明らかにする学問。内容を深く読み込み，著者の人物像や時代背景なども勘案してメイン=テーマを探究する。

【2】学術雑誌というメディアは，どのようにして生まれたのか。
1. 19世紀に，科学教育が制度化されトレーニングを受けた研究者が輩出されるようになったことで，かれらのあいだの情報交換を促進すべく，同人誌に似せて生まれた。
2. 18世紀に，手工業生産から工場制生産への社会的な変革のなかで，技術革新が有益なことを広く知らしめるべく，輪転機で大量生産の始まった新聞に似せて生まれた。
3. 17世紀に，人間は理性を駆使して自然と対峙でき，その仕組みは数式で表現できるとの世界観が形成され，新たな知見を仲間内で知らせ合う手紙に似せて生まれた。

【3】12世紀のシャルトルのベルナールや17世紀のアイザック=ニュートンが用いたという「私が遠くを見ることができるのは，巨人の肩の上に乗っているからだ」との言葉は，どういうことを意味しているのか。
1. 学問は，先行研究の豊富な蓄積があるからこそ，それらを個人が吸収することで新たな知見を生み出すことができる。過去からの蓄積を「巨人の肩」になぞらえた。
2. 学問は，研究資金の潤沢なたくわえがあるからこそ，それらを個人が活用して新たな知見を生み出すことができる。獲得できた研究助成金を「巨人の肩」になぞらえた。
3. 学問は，研究チームに優れた人材を抜擢するからこそ，協力して個人が新たな知見を生み出すことができる。プロジェクト=メンバーの集団を「巨人の肩」になぞらえた。

■

［検索法キイノート・大尾］